Sigrid Betzelt/Rudolph Bauer
Nonprofit-Organisationen als Arbeitgeber

Sigrid Betzelt/Rudolph Bauer

Nonprofit-Organisationen als Arbeitgeber

Leske + Budrich, Opladen 2000

Gedruckt auf säurefreiem und alterungsbeständigem Papier

Die Deutsche Bibliothek – CIP-Einheitsaufnahme
Ein Titeldatensatz für diese Publikation ist bei Der Deutschen Bibliothek erhältlich
ISBN 978-3-322-94974-5   ISBN 978-3-322-94973-8 (eBook)
DOI 10.1007/978-3-322-94973-8

2000 Leske + Budrich, Opladen

Das Werk einschließlich aller seiner Teile ist urheberrechtlich geschützt. Jede Verwertung außerhalb der engen Grenzen des Urheberrechtsgesetzes ist ohne Zustimmung des Verlages unzulässig und strafbar. Das gilt insbesondere für Vervielfältigungen, Übersetzungen, Mikroverfilmungen und die Einspeicherung und Verarbeitung in elektronischen Systemen.

Inhaltsübersicht

Vorwort 7

Zusammenfassung zentraler Ergebnisse im Überblick 12

Kapitel I. Bestandsaufnahme:
Strukturen, Budgets und Arbeitsplätze 15
1. Der „Dritte Sektor" im Überblick: Strukturmerkmale der NPOs 15
2. Einnahmen und Ausgaben im Finanzbudget 19
2.1 Die Höhe des jährlichen Etats der Nonprofit-Organisationen 19
2.2 Geldquellen, Finanzierungstypologie und Abhängigkeiten 21
2.3 Einflussfaktoren auf die Zusammensetzung des Budgets 24
2.4 Ausgabenstruktur und Verwendung von Überschüssen 28
2.5 Das Marktverhalten im „Dritten Sektor" 31
3. Erwerbsarbeit und Personalentwicklung im „Dritten Sektor" 32
3.1 Bestandsaufnahme der Beschäftigungssituation 1997 32
3.1.1 Die allgemeine Beschäftigungssituation im „Dritten Sektor" 32
3.1.2 Geschlechtsspezifische Aspekte der Arbeit im „Dritten Sektor" 34
3.2 Zur Entwicklung der Erwerbstätigkeit von 1995 bis 1997 35
3.2.1 Analyse der allgemeinen Vergleichsdaten 35
3.2.2 Spezifische Unterschiede innerhalb des „Dritten Sektors" 37
3.2.2.1 Varianzen hinsichtlich Rechtsform und Haupttätigkeitsfeld 37
3.2.2.2 Unterschiede zwischen ost- und westdeutschen Bundesländern 39
3.2.2.3 Der Zusammenhang zwischen Beschäftigung und Budget 41
3.3 Interne Personalpolitik, Qualifikationsbedarf, Mitbestimmung 44
3.3.1 Die Erwerbstätigen im „Dritten Sektor" 44
3.3.2 Möglichkeiten der Mitbestimmung und Partizipation 47

Kapitel II. Beschäftigungsperspektiven:
Schlüsselfaktoren und Optionen 49
1. Schlüsselfaktoren für die Entstehung von Erwerbsarbeitsplätzen ... 49
1.1 Zusammenfassung der Ergebnisse des Fragebogens 49
1.2 Ausgewählte Ergebnisse der ExpertInnen-Interviews 53
1.3 Thesen zu Beschäftigungsperspektiven im „Dritten Sektor" 55

2.	Beurteilung der Beschäftigungsperspektiven	57
2.1	Einschätzungen und Optionen seitens der NPOs	57
2.2	Politische Einschätzungen der ExpertInnen	60
2.2.1	Zur Notwendigkeit einer Reform der rechtlichen Grundlagen	60
2.2.2	Zur Verbesserung der wirtschaftlichen/finanziellen Bedingungen	63
2.2.3	„Drei Wünsche an die deutsche Politik"	64
2.2.4	Exkurs: Fragen der internen Organisation und Auswirkungen der EU-Politik	64

Kapitel III. Die Zukunft der Arbeit im „Dritten Sektor": Empfehlungen ... 67

1.	Vorschläge zur Reform der rechtlichen Grundlagen	68
1.1	Reform der rechtlichen Grundlagen einzelner Legalformen	69
1.1.1	Empfehlungen zur Reform des Vereinsrechts	69
1.1.2	Vorschläge zur Reform des Stiftungsrechts	71
1.1.3	Empfehlungen zur Reform des Genossenschaftsrechts	72
1.2	Reform finanzökonomischer Bedingungen und ihrer Rechtsbasis	74
1.2.1	Das Zuwendungsrecht und die Vergabepraxis öffentlicher Mittel	74
1.2.2	Der Reformbedarf des Gemeinnützigkeitsrechts	77
1.2.3	Der Reformbedarf im Arbeitsförderungsrecht	80
1.2.4	Änderungsbedarf im Gewerberecht	82
2.	Empfehlungen zur Beschäftigungsförderung	83
2.1	Konsolidierung bestehender Beschäftigungsprojekte	83
2.2	Förderung der Erwerbsarbeit in neuen Arbeitsfeldern	84
2.3	Verknüpfung von Arbeits- und Wirtschaftsförderung	85
2.4	Exkurs: Kosteneffekte der Maßnahmeempfehlungen auf öffentliche Haushalte	86

Kapitel IV. Erwerbsarbeit im deutschen „Dritten Sektor": Ein Fazit ... 91

Anhang ... 96

Vorwort

Seit einer Reihe von Jahren gilt der „Dritte Sektor" - die Sammelbezeichnung für Nonprofit-Organisationen „jenseits von Markt und Staat" - als eine Art Wundermittel gegen die Massenarbeitslosigkeit: als *„job machine"* (Salamon 1999), „Hoffnungsträger" (Anheier 1997), Organisator der „Bürgerarbeit" (Beck 1997) und sogar als Ort der „Zukunft der Arbeit" (Rifkin 1996). Was ist davon zu halten? Sind es leere Versprechungen, Worthülsen, die in der Öffentlichkeit für Aufmerksamkeit sorgen und den Markt der sozialwissenschaftlichen Wortführerschaft beleben?

Die Antwort auf diese Fragen fällt schwer, u.a. weil bislang unzureichende Informationen vorliegen, die auf empirischen Untersuchungen der Erwerbsarbeit im „Dritten Sektor" fußen. Der vorliegende Forschungsbericht beansprucht zwar nicht, diese Lücke umfassend zu schließen. Er enthält aber eine Fülle von informativen Daten, aufschlussreichen Erkenntnissen, nüchternen Einschätzungen und konkretisierbaren Vorschlägen, die als Ergebnis der deutschen Teilstudie aus dem Zusammenhang des NETS-Projekts hervorgegangen sind.

Das gesamte Forschungsvorhaben *NETS - New Employment Opportunities in the Third Sector* wurde während seiner zweijährigen Laufzeit (Januar 1998 bis Dezember 1999) von der Europäischen Kommission im Rahmen des Sozio-ökonomischen Schwerpunktprogramms bezuschusst. Es untersuchte eine Fragestellung, die zwei große wissenschaftliche Gegenstandsbereiche bzw. deren gemeinsame Schnittmenge umfasst: die „Dritter Sektor"-Forschung und die Arbeitsmarkt(-politik)-Forschung. Darüber hinaus sollten aus dem Vergleich der Ergebnisse in den beteiligten Ländern Erfahrungen gewonnen werden, die zur Beantwortung der Projektfrage auf europäischer Ebene beitragen können.

Das *NETS*-Projekt erstreckte sich auf die Untersuchung der Erwerbsarbeit im „Dritten Sektor" der EU-Länder Italien[I] (wo auch die Projektkoordination angesiedelt war), Spanien[II] und Deutschland[III]. Die umfangreichen

---

[I] Die Partner in Italien (Rom) waren die freiwillige Vereinigung „Associazione Lunaria" und hierin besonders Alessandro Messina, Martina Iannizzotto und Guilio Marcon, sowie die römische Universität „La Sapienza", Dipartimento di Economia Pubblica, insbesondere Prof. Mauro Mellano und Antonio Bonetti.
[II] Partner in Spanien (Barcelona) waren die Stiftung „Fundació Ferrer i Guàrdia", insbesondere Gemma Martin, Dr. Joan Francesc Pont i Clemente und Elisabet Beltran.

Ergebnisse der Länderstudien sind in der 'Projektsprache' Englisch publiziert und im Internet abrufbar (http://www.lunaria.org/tertium). Neben den umfangreichen Abschlußberichten der einzelnen Länderstudien finden sich kürzere Darstellungen der drei Erhebungen in einem Sammelwerk (Marcon / Mellano 2000), das von unseren italienischen Partnern herausgegeben wird. In den genannten Werken finden sich sowohl genauere Details und grafische Darstellungen der Untersuchungsergebnisse, als auch eine umfangreiche Bibliographie zum Themenkreis „Dritter Sektor"/„Zukunft der Arbeit", die den Rahmen dieses Berichts gesprengt hätten. In deutscher Sprache liegen außer der hier veröffentlichten Publikation eine Reihe von Aufsätzen und Beiträgen in Zeitschriften und Sammelbänden vor (siehe Veröffentlichungsliste im Anhang).[IV]

Zum Verständnis für die LeserInnen folgen einige, in methodischer und sonstiger Hinsicht relevante Informationen und Erklärungen:

1. Der Fragebogen wurde an 622 Organisationen im ganzen Bundesgebiet verschickt. Die Auswahl der angeschriebenen Organisationen erfolgte nach den Kriterien Haupttätigkeitsfeld, Rechtsform und geografische Ansiedlung, wobei versucht wurde, einen ungefähren Querschnitt durch den realen deutschen „Dritten Sektor" zu erhalten. Obwohl dies annähernd gelungen scheint, kann selbstverständlich von einer Repräsentativität unserer Ergebnisse im statistischen Sinne keine Rede sein. Es handelt sich mehr um Annäherungswerte als um „harte Daten"; Verzerrungen durch verschiedene Faktoren sind nicht auszuschließen.

2. Von den angeschriebenen Organisationen antworteten 243 durch die Rücksendung eines ausgefüllten Fragebogens; dies entspricht einer Rücklaufquote von rund 39%. Davon kamen rund 32% der Fragebögen aus den fünf ostdeutschen, 68% aus den westdeutschen Bundesländern. Damit sind die ostdeutschen Organisationen etwas überproportional vertreten[V], was von uns beabsichtigt war, um eine ausreichend große Anzahl ostdeutscher NPOs in die Untersuchung einzubeziehen.

[III] Die deutsche Teilstudie wurde durch das Institut für Lokale Sozialpolitik und Nonprofit-Organisationen (*i.l.s.*) des Fachbereichs Human- und Gesundheitswissenschaften der Universität Bremen erstellt (Wissenschaftliche Mitarbeiterin: Sigrid Betzelt; studentische Mitarbeiterinnen: Andrea Miesner, Janina Messerschmidt, Sabine Schulze, Natalia Rockicka; Sekretariat: Ingeborg Brüggemann; Projektleitung: Rudolph Bauer). Im Rahmen von Werkverträgen zu Einzelfragen waren beteiligt: Oliver Sargatzky (beratender Betriebwirt an der TU Berlin) und Paul M. Schröder (Bremer Institut für Arbeitsmarktforschung und Jugendberufshilfe e.V.).

[IV] Der vorliegenden Publikation ist bereits ein schriftlicher Bericht vorausgegangen, der zum Jahresbeginn 2000 als „Dankeschön" für die Teilnahme an der Untersuchung an die Befragten verschickt wurde. Für die Buchveröffentlichung wurde dieser Bericht von uns überarbeitet, um einige neue Erkenntnisse erweitert und um kleinere Fehler bereinigt.

[V] In Relation zur Einwohnerzahl Ost- und Westdeutschlands (Verhältnis 22% zu 78%).

3. In der folgenden Darstellung der Fragebogenergebnisse wird jeweils gesondert darauf hingewiesen, worauf sich die prozentualen Angaben zu den unterschiedlichen genannten Antworten beziehen. Teilweise sind die Relationen bezogen auf die Gesamtheit aller gültigen Fragebögen, teils nur auf die Anzahl der jeweiligen Antworten auf eine spezielle Frage (ohne fehlende Antworten). Weitgehend verzichtet wurde auf die Wiedergabe statistischer Details. Wo diese zur Darstellung der Resultate wesentlich waren, werden sie erläutert.
4. Neben der quantitativ ausgerichteten Fragebogenerhebung wurden vier qualitative Interviews mit Expertinnen und Experten aus Forschung und Praxis des „Dritten Sektors" durchgeführt.[VI] Ziel war es, aus verschiedenen Blickwinkeln fundierte Einschätzungen der Beschäftigungsperspektiven des „Dritten Sektors" und der politischen Rahmenbedingungen sowie ihrer Reform zu erhalten. Die Grundlage der Gespräche bildete ein themenzentrierter Interviewleitfaden (siehe Anhang).
5. Das Thema der unbezahlten, „ehrenamtlichen" Freiwilligenarbeit wurde in der deutschen NETS-Untersuchung bewusst ausgespart. Wir wollten dem Missverständnis vorbeugen, durch die politische Förderung von Freiwilligenarbeit könnte ein Wirkungszusammenhang mit der Lösung des Arbeitsmarktproblems bestehen. Diese Enthaltsamkeit zum Thema Freiwilligenarbeit ist gleichwohl nicht als Missachtung dieser Arbeitsformen zu verstehen - ohne diese könnte der „Dritte Sektor" sicher nicht in derselben Weise funktionieren.
6. Wir schreiben „Dritter Sektor" in Anführungsstrichen. Zur Erklärung:
- Erstens respektieren wir damit, dass es sich um einen Begriff handelt, der - ähnlich wie der Terminus „Nonprofit-Organisation" (und dessen Abkürzung „NPO") - seinen genuinen Ursprung in der US-amerikanischen Forschung hat, also nicht aus dem europäischen Kontext entwickelt wurde. Der Begriff lässt daher Besonderheiten unberücksichtigt, die sich der geschichtlichen Entwicklung von NPOs in den europäischen Gesellschaften verdanken, bzw. betont er andere, nordamerikanische Spezifika, die diesseits des Ozeans keine oder eine geringere Bedeutung haben.
- Zweitens verweisen wir damit auf die Tücke sowohl des Sektorbegriffs als auch der Enumeration. Letztere birgt die Gefahr, dass neben dem „Dritten Sektor" nur der Staat („Erster Sektor") und der Markt („Zweiter Sektor") in den Blick geraten, nicht aber die informellen, lebensweltlichen Zusam-

---

VI Unsere GesprächsparterInnen waren: Katja Barloschky, damals Geschäftsführerin des Verbands Bremer Beschäftigungsträger e.V. (Bremen; heute Geschäftsführerin der Bundesarbeitsgemeinschaft Arbeit e.V., Berlin), Reinhard Sattler, Geschäftsführer des Vereins Infostelle Eine Welt e.V. (Magdeburg), Karin Schröder, Geschäftsführerin des bundesweiten Netzwerks für Selbsthilfe und Selbstorganisation e.V. (NETZ) (Bremen) sowie Rupert Graf Strachwitz, Direktor des Maecenata Instituts für Dritter-Sektor-Forschung (Berlin). – Nähere Informationen zur methodischen Durchführung finden sich in Bauer / Betzelt 2000.

menhänge, hinsichtlich derer ebenfalls intermediäre, d.h. vermittelnde Wechselbeziehungen existieren, die ein wesentliches Bestimmungsmerkmal von Nonprofit-Organisationen sind.[VII] Der Hinweis auf die intermediäre Funktion des „Dritten Sektors" ist zugleich eine Begründung dafür, warum wir die mit dem Terminus „Sektor" verknüpfte Konnotation eindeutiger Grenzen zwischen den „Sektoren" für problematisch halten; es gibt fließende Übergänge zwischen den „Sektoren", und es gilt, sie im Bewusstsein zu haben (besonders im hier thematisierten Zusammenhang, wo die 'Grenzscheide' zwischen „Markt" und „Drittem Sektor" durchlässig ist und auch so begriffen werden muss).

- Drittens: Die deutschen Nonprofit-Organisationen verstehen sich (noch) nicht als Teile eines übergreifenden „Dritten Sektors". In der Bundesrepublik herrscht noch immer ein 'Spartendenken" vor, das die Zusammenhänge und Gemeinsamkeiten völlig ausblendet - beispielsweise die von Sportverbänden und Wohlfahrtsverbänden, Umweltorganisationen und Karnevalsvereinen, Stiftungen und Genossenschaften, Briefmarkensammlern und Schützen, Jägervereinigungen und Katzenfreunden, usw., usf.
- Viertens: Der Terminus „Dritter Sektor" - und ebenso andere Begriffe wie z.B. „Nonprofits", „gemeinnütziger Bereich", „Nicht-Regierungsorganisationen", „Freiwilligensektor" - differenziert nicht zwischen den freiwilligen Vereinigungen (in der Rechtsform von z.B. Vereinen, Stiftungen, Genossenschaften) einerseits und den Betrieben, Einrichtungen, Dienststellen und sonstigen institutionalisierten (stationären, ambulanten und mobilen) Dienstleistungsangeboten in deren Trägerschaft andererseits.
- Fünftens: Der Begriff „Dritter Sektor" impliziert eine Verdinglichung oder Vergegenständlichung und verleitet zu Verallgemeinerungen, welche sowohl die gesellschaftliche Dynamik als auch den besonderen Stellenwert der Individuen in der Gesellschaft verkennen.

Der Bericht ist in vier Hauptteile gegliedert: Im *Teil I* ist eine Bestandsaufnahme über die wichtigsten Ergebnisse der schriftlichen Befragung enthalten. *Teil II* stellt die Analyse von Beschäftigungsperspektiven und politischen Forderungen aller Befragten (Fragebogen und Experteninterviews) in den Mittelpunkt. Im *Teil III* werden die aus den ersten beiden Teilen resultierenden Empfehlungen für die Förderung von Erwerbsarbeit im „Dritten Sektor" dargestellt, und *Teil IV* enthält ein abschließendes Fazit der Untersuchung. Im *Anhang* finden sich schließlich einige Angaben zur Methodik, der Fragebogen und der Interviewleitfaden sowie eine Liste mit Veröffentlichungen und Kontaktadressen des NETS-Projekts.

[VII] Man kann diesbezüglich auch von einem „Vierten Sektor" sprechen und den „Dritten" modellhaft so 'positionieren', dass er als ein gesellschaftlicher Bereich gesehen wird, der zwischen *Staat/politisch-administrativem System*, *Markt/ökonomischem System* und *Lebenswelt/informeller Sphäre* vermittelt.

Für eilige LeserInnen empfehlen wir zur einführenden Lektüre die „Zusammenfassung zentraler Ergebnisse im Überblick" (am Anfang des Berichts) und das Fazit „Erwerbsarbeit im deutschen 'Dritten Sektor'" (am Schluss). Das Inhaltsverzeichnis und die (den Inhalt oft sehr verkürzenden) mit # gekennzeichneten Kopfzeilen geben ebenfalls eine gewisse Orientierung. Wir wünschen ein anregendes 'Lesevergnügen' und freuen uns auf Kommentare - auch kritische.

Sigrid Betzelt *Rudolph Bauer*

Bremen, im Juli 2000

Zusammenfassung zentraler Ergebnisse im Überblick

➢ Je größer das *Budget* einer Nonprofit-Organisation (NPO), desto höher ist auch der Anteil öffentlicher Mittel, desto vielgestaltiger ist ihr Ressourcenmix und desto mehr Erwerbsarbeitsplätze sind dort vorhanden. Nonprofit-Organisationen mit einem Jahresetat in der Größenordnung bis zu DM 62.500 beschäftigen in der Regel keine bezahlten Arbeitskräfte. Privat finanzierte, vorwiegend auf unbezahlter Basis tätige NPOs tendieren zur Stagnation und verändern sich kaum.
➢ *Vereine* sind keine „Jobmaschine". Ihre Rechtsform ist zwar grundsätzlich geeignet, ideelle Ziele zu verfolgen. Im Unterschied zur Legalform der GmbH und der Genossenschaft ist der Verein aber kein optimales Handlungsinstrument für wirtschaftliche Tätigkeiten im Sinne der Herstellung marktfähiger Dienstleistungen und Produkte. Da die Schaffung bezahlter Arbeit jedoch wirtschaftliches Handeln voraussetzt, weisen vereinsförmige NPOs proportional weniger Erwerbsarbeitsplätze nach.
➢ Nonprofit-Organisationen im klassischen *Wohlfahrtsbereich* des Sozial- und des Gesundheitswesens beschäftigten bisher zwei Drittel aller Erwerbstätigen des „Dritten Sektors". Der Bereich *Gesundheit* wird sich auch künftig dynamisch weiter entwickeln („Wellness"!), voraussichtlich auch der Bereich *Erziehung und Bildung*. Im *Sozialbereich* hingegen zeichnet sich bei der Personalentwicklung eine stagnierende, wenn nicht gar rückläufige Tendenz ab.
➢ *Neue Beschäftigungspotenziale* können sich unter bestimmten Voraussetzungen in den Tätigkeitsfeldern *Sport, Freizeit, Kultur* und *Umwelt* ergeben. Vielversprechende Perspektiven erschließen sich für NPOs mit Angeboten im Bereich solcher (personenbezogener und ökologischer) Dienstleistungen, die nicht in erster Linie von öffentlichen Finanzierungen abhängen. Letzteres gilt v.a. für Übergangsformen zwischen klassischer Nonprofit-Ausrichtung und erwerbswirtschaftlicher Arbeitsweise.
➢ Um zusätzliche Beschäftigungsperspektiven entfalten zu können, bedürfen die Rahmenbedingungen des „Dritten Sektors" der *Modernisierung*. Der Gesetzgeber ist aufgefordert zu Reformen, die die zahlreichen strukturellen Schranken, insbesondere rechtlicher und finanzökonomischer Art, abbauen bzw. beseitigen. Dabei muss auch über andere

Rechtsformen für Nonprofit-Organisationen nachgedacht werden. Leitidee muss die Erleichterung und Förderung von Selbstorganisation und eine größere Autonomie des „Dritten Sektors" sein.
➢ Im Hinblick auf die Legalformen des „Dritten Sektors" bedürfen insbesondere das *Vereinsrecht*, das *Stiftungsrecht* und das *Genossenschaftsrecht* einer gründlichen Reformierung, die sowohl vereinfachend wirkt als auch zu größerer Transparenz des Nonprofit-Sektors beiträgt. Als finanzökonomische Grundlagen des „Dritten Sektors" sind besonders das *Zuwendungsrecht*, das *Gemeinnützigkeits- und Steuerrecht* sowie nicht zuletzt das *Arbeitsförderungsrecht* den veränderten Anforderungen anzupassen. Die zielführenden Stichworte sind hierbei: eine wesentliche Entbürokratisierung, die Ablösung eines paternalistischen durch ein partnerschaftliches Verhältnis zwischen Staat und NPOs, die erleichterte Erwirtschaftung von Eigeneinnahmen für Nonprofit-Organisationen sowie der Abbau entmündigender Restriktionen gegenüber Erwerbslosen.
➢ Die Richtung der künftigen Beschäftigungsentwicklung im „Dritten Sektor" hängt wesentlich von grundlegenden politischen Entscheidungen ab. Von besonderer Bedeutung ist dabei, ob ein öffentlich ko-finanzierter Beschäftigungssektor als *gesellschaftlich notwendig* anerkannt und entsprechend verstetigt wird oder nicht. Dies gilt in besonderer Weise für die *neuen Bundesländer*, wo das Beschäftigungsniveau des „Dritten Sektors" außergewöhnlich stark von öffentlichen Arbeitsförderprogrammen abhängt.
➢ Eine unmittelbare Förderung von Erwerbsarbeitsplätzen im „Dritten Sektor" sollte einerseits die *Verstetigung und Konsolidierung* bestehender Beschäftigungsprojekte umfassen, andererseits die durch öffentliche Mittel geförderte *Erschließung neuer Arbeitsfelder* (z.B. im Sport-, Kultur- und Umweltbereich) für Nonprofit-Aktivitäten ermöglichen. Zudem ist die strikte Trennung von *Arbeitsförderung* für „Nonprofit-Betriebe" und *Wirtschaftsförderung* für „Forprofit-Unternehmen" endlich aufzuheben; stattdessen gilt es, die Instrumentarien beider Förderbereiche besser miteinander zu verzahnen. Nicht die Art der Aneignung der Arbeit, sondern die Erfüllung des Förderzwecks sollte das entscheidende Kriterium für die Vergabe öffentlicher Mittel sein.
➢ Zur Stärkung der Finanzbasis von NPOs sollten auch *Banken und Förderstiftungen* stärker als bisher in ihre gesellschaftliche Verantwortung einbezogen werden.

Kapitel I. Bestandsaufnahme:
Strukturen, Budgets und Arbeitsplätze

1. Der „Dritte Sektor" im Überblick: Strukturmerkmale der NPOs

 # 1. Der Entstehungszeitraum und das Alter der Nonprofit-Organisationen
Das Gründungsdatum eines Großteils der Organisationen, die sich in der Bundesrepublik Deutschland an der NETS-Befragung beteiligt haben, reicht in die Zeit der Weimarer Republik zurück: 40% wurden in den Jahren von 1918 bis 1933 gegründet. Weitere 24% entstanden in der Periode der Neuen Sozialen Bewegungen zwischen 1970 und 1989, und 15% von 1990 bis 1995, d.h. in den ersten Jahren nach dem Beitritt der neuen Bundesländer zum Geltungsbereich des Grundgesetzes. Die Gründungszeit von 7% der Nonprofit-Organisationen (NPOs) liegt im 19. Jahrhundert oder früher. Im Einzelfall sind es vor allem Stiftungen, deren Ursprung bis in das 15. Jahrhundert zurück reicht. Während die älteren Organisationen (vor 1970) vornehmlich in den Feldern Sport, Freizeit, Bildung und Wohnungsbau tätig sind, arbeiten die jüngeren (nach 1970) hauptsächlich an Themenfeldern wie Umweltschutz, Kommunikation/Medien, Kultur oder Bürgerrechte.[1] – Die beiden wichtigsten Entstehungszeiträume - während der Weimarer Republik sowie in den Jahren nach 1968/69 bzw. nach 1989 - verweisen darauf, dass die Gründung der meisten Organisationen des deutschen „Dritten Sektors" in einem politischen und gesellschaftlichen Klima des demokratischen Aufbruchs erfolgte.

 # 2. Die Mitgliederbasis der Organisationen des „Dritten Sektors"
Die Zahl der Mitglieder beträgt bei der Hälfte der an der Befragung beteiligten NPOs maximal bis zu 32 Personen. Bei einem weiteren Fünftel umfasst die Mitgliedschaft 51 bis 200 Personen, und bei knapp einem Fünftel (18%) setzt sie sich aus mehr als 200 Personen zusammen. Darunter befinden sich auch Großorganisationen mit mehreren tausend Mitgliedern. Einige wenige Organisationen, die zumeist den Status von Stiftungen oder GmbHs aufweisen, berichten, dass bei ihnen keine persönlichen Mitglieder registriert sind. Insgesamt erwähnen 20% der befragten NPOs, dass sie juristische Personen zu ihren Mitgliedern zählen und somit eine überwiegend verbandsähnliche Funktion erfüllen. – Der „Dritte Sektor" weist eine Vielzahl von relativ klei-

---

[1] Die NPOs im Sozial- und Gesundheitsbereich verteilen sich etwas mehr als der Hälfte in „alte" (vor 1970) und etwas weniger als die Hälfte in „neue" Organisationen (nach 1970).

nen Mitgliedsorganisationen auf. Dieser Befund bildet einerseits die Realität der deutschen NPO-Landschaft vor Ort ab, d.h. auf der dezentralen Ebene. Andererseits ist er auch das Ergebnis unseres Vorgehens bei der Recherche und Auswahl der Adressen für die schriftliche Befragung. Von der Annahme ausgehend, dass die lokalen Organisationen eine größere Nähe zu den konkreten Bedürfnissen und den Beschäftigungspotenzialen des „Dritten Sektors" aufweisen, haben wir uns nicht nur an die Bundeszentralen von Großverbänden gewandt, sondern waren bemüht, die „kleinen" lokalen Organisationen angemessen zu berücksichtigen. Diesem Ziel entspricht auch das Ergebnis.

3. Rechtsformen der deutschen Nonprofit-Organisationen

Die meisten der von uns befragten Organisationen sind als eingetragene Vereine (e.V.) registriert (74%; absolut: 175). Weitere 14% (absolut: 33) haben den Rechtsstatus einer Stiftung, wobei es sich bei 8% um privatrechtliche und bei 6% um öffentlich-rechtliche Stiftungen handelt. Die Rechtsform der Genossenschaft und der gemeinnützigen Gesellschaft mit beschränkter Haftung (GmbH) sind in unserer Auswertung mit jeweils 4% vertreten.[2] – Die Verteilung der antwortenden Organisationen auf die verschiedenen Rechtsformen entspricht in etwa auch unserer Vorauswahl. Der hohe Vereinsanteil dürfte der tatsächlichen Proportion dieser Rechtsform im deutschen „Dritten Sektor" entsprechen, ebenso der niedrige Anteil der Genossenschaften[3]. Die Tatsache, dass in der Auswertung auch GmbHs vertreten sind[4], lässt darauf schließen, dass diese aus vormals anderen Rechtsformen (z.B. einem Verein oder einer Stiftung) hervorgegangen sind. Dieser Sachverhalt verweist auf die seit einigen Jahren feststellbare Tendenz, dass bestimmte Teile von Nonprofit-Einrichtungen und -Organisationen ausgegründet und in eine (gemeinnützige) Gesellschaft mit beschränkter Haftung umgewandelt werden.

4. Der finanzrechtliche Status der Gemeinnützigkeit

91% der von uns befragten NPOs sind gemeinnützig und genießen den damit verbundenen steuerrechtlich privilegierten Status. Bezogen auf die unterschiedlichen Rechtsformen zeigt sich jedoch, dass bei den Genossenschaften nur eine einzige (10%) den Status der Gemeinnützigkeit aufweist, während

---

[2] Absolute Anzahl: 10 Genossenschaften, 9 GmbHs. - Die geringe Anzahl befragter Genossenschaften und GmbHs erlaubt selbstverständlich nur in begrenztem Umfang gültige Aussagen hinsichtlich dieser Rechtsformen. Es wurden dennoch einige Kreuzvergleiche vorgenommen, die signifikante Unterschiede zwischen den unterschiedlichen Organisationsformen (z.B. hinsichtlich der Anzahl der Beschäftigten) ergaben.

[3] Aufgrund der in der Untersuchung zu Grunde gelegten Definition der Organisationen des „Dritten Sektors" wurden nicht sämtliche Genossenschaften als zugehörig eingestuft, sondern in erster Linie sogenannte „Sozialgenossenschaften" (vgl. Flieger 1998), die dem Kriterium „gesellschaftliche Nützlichkeit" („social utility") genügen.

[4] Gesellschaften mit beschränkter Haftung wurden bei der Auswahl der befragten NPOs von uns ursprünglich nicht berücksichtigt.

bei den anderen Rechtsformen der Anteil der gemeinnützigen NPOs bei 80 bis 95% liegt. Hierin kommt die spezifische Ausrichtung des deutschen Genossenschaftsrechts zur Geltung, wonach eingetragene Genossenschaften ausschließlich wirtschaftliche Zielsetzungen verfolgen dürfen[5]. Für NPOs in der Rechtsform einer Genossenschaft ist es daher äußerst schwierig, die Voraussetzungen für den Erwerb der Gemeinnützigkeit zu erfüllen. – Unsere Ergebnisse zeigen, dass die Gemeinnützigkeit (im Sinne ihrer Anerkennung und regelmäßigen Überprüfung durch die Finanzbehörden) ein typisches Merkmal der Organisationen des deutschen Nonprofit-Sektors ist. Da das Genossenschaftsrecht hierzulande jedoch den Erwerb und Erhalt der Gemeinnützigkeit erschwert, spielt die Rechtsform der Kooperative im deutschen „Dritten Sektor" nur eine geringe Rolle.

5. Verbandszugehörigkeit und Organisationsvernetzung

94% der an unserer Befragung teilnehmenden Organisationen sind Mitglied in einem überregionalen Nonprofit-Zusammenschluss. Die Mehrheit (56%) ist in einem Dach- oder Spitzenverband organisiert, etwa ein Viertel der NPOs gehört einem Fachverband an, und 11% kooperieren in Netzwerken. – Charakteristisch für den deutschen „Dritten Sektor" ist der hohe Grad spitzen- oder fachverbandlicher Mitgliedschaft bzw. organisierter Vernetzung. Ein Grund dafür sind die verschiedenen Vorteile, die sich für NPOs, beispielsweise in der Wohlfahrtspflege oder im Sport, aus der Mitgliedschaft in einem Spitzenverband ergeben: etwa der Zugang zu öffentlichen Fördermitteln, die qualifizierte Unterstützung in Verwaltungsangelegenheiten, Weiterbildungsangebote und die Lobbytätigkeit in der politischen Arena.

6. Aufgaben, Tätigkeitsbereiche und primäre Handlungsfelder

Hinsichtlich ihrer Aufgaben und Tätigkeitsbereiche verteilen sich die von uns befragten Organisationen auf folgende generalisierbare Handlungsfelder: Circa ein Drittel der NPOs (31,8%) nennt den *Sozialbereich*[6] als Haupttätigkeitsfeld; weitere 10% geben an, primär auf dem Gebiet des *Gesundheitswesens*[7] aktiv zu sein; im *Erziehungs- und Bildungswesen*[8] sind 17,4% tätig; den

---

[5] Vgl. § 1 Genossenschaftsgesetz.
[6] Hierzu zählen personen- und gemeinwesenbezogene Soziale Dienstleistungen und die Kategorien „Unterstützung, Vermittlung, Beratung für Gruppen" sowie „Bauen und Wohnen".
[7] In unserem Sample überwiegen dabei kleinere Organisationen, die Gesundheitsberatungszentren u.ä. betreiben oder als (formelle) Selbsthilfegruppen fungieren. Dagegen wurden keine gemeinnützigen Krankenhäuser befragt, was die Erhebung von anderen „Dritter Sektor"-Studien in dieser Hinsicht unterscheidet (vgl. Zimmer / Priller 1999).
[8] Diese Sammelkategorie schließt Folgendes mit ein: Erziehung, allgemeine und berufliche Bildung, Beschäftigungsinitiativen, Forschung.

Bereich *Kultur und Freizeit*[9] nannten 29,2%; *Bürgerrechte und Interessenvertretung*[10] sind das hauptsächliche Handlungsfeld von 11,4% der NPOs. – Als primäre Handlungsfelder dominieren demnach die Bereiche „Soziales" und „Kultur/Freizeit". Dieses Ergebnis gibt annäherungsweise wieder, in welchen Proportionen sich gegenwärtig die Organisationen des deutschen „Dritten Sektors" auf die verschiedenen gesellschaftlichen Bereiche verteilen. Es erklärt auch die für Deutschland typische Domänenstellung der Verbände in den Bereichen der Freien Wohlfahrtspflege und des Sports.

7. *Sekundäre Handlungsfelder*
41% der Organisationen sind ausschließlich in einem der genannten Haupttätigkeitsfelder tätig. Eine Mehrheit (59%) ist darüber hinaus in einem weiteren oder – häufiger sogar – in mehreren *sekundären* Handlungsfeldern aktiv. Die Auswertung ergab eine Vielzahl unterschiedlicher, aber keine besonderen, signifikant typischen Kombinationen von primären und sekundären Handlungs- und Tätigkeitsfeldern. Auffallend war jedoch, dass die Tätigkeitsbereiche „Sport" und „Interessenvertretung / Bürgerrechte" nur selten als sekundäre Arbeitsfelder angekreuzt wurden. – Unsere Ergebnisse deuten darauf hin, dass es sich beim Sport ebenso wie im Handlungsfeld „Interessenvertretung / Bürgerrechte" um genuine, relativ geschlossene Haupttätigkeiten handelt, während die Tätigkeitsprofile der NPOs in den anderen Handlungsbereichen weniger eindeutig sind und fließende Grenzen aufweisen.

8. *Geographisch-territorialer Handlungsbezug*
Zwei Drittel der von uns befragten Organisationen konzentrieren ihre Aktivitäten ausschließlich auf eine geographisch-territoriale Ebene, die meisten davon (80%)[11] auf die lokale oder regionale. Mit einem Anteil von 3% nehmen die wenigsten NPOs uneingeschränkt einen internationalen Handlungsbezug wahr. – Die Ergebnisse zeigen, dass die Zahl der Organisationen in dem Ausmaß abnimmt, in welchem sich der ausschließliche Handlungsbezug hinsichtlich der geographisch-territorialen Dimension ausdehnt. Soweit NPOs sich ausschließlich auf eine Handlungsebene beschränken, zeigt sich die Bedeutung des deutschen „Dritten Sektor" vor allem auf lokaler und regionaler Ebene.

9. *NPO-Aktivitäten auf mehreren Handlungsebenen*
Auch bei denjenigen Organisationen, die nicht nur auf einer, sondern auf zwei

---

9 Darunter sind folgende Kategorien zusammengefasst: „Kultur, künstlerische Angebote, Unterhaltung", „Freizeit und Erholung", „Sport", „Medien, Kommunikation", „Denkmalpflege, kulturelles Erbe".
10 Die Kategorie umfasst: „Bürger/innen-Rechte und -Beteiligung, Verbraucherschutz", „Internationales, Friedens- und Entwicklungsarbeit" sowie „Umwelt-, Tier- und Naturschutz".
11 Bezogen auf die gesamte Stichprobe sind dies 52%.

oder *mehreren Ebenen* tätig sind, dominiert die Kombination des lokalen und regionalen Handlungsbezugs (57% der Mehrfachantworten). Weitere 18% nannten als zusätzliche Handlungsdimension die jeweilige Landesebene. Die Bundesebene wurde bei den Mehrfachantworten mit 9% am seltensten erwähnt. Hingegen stellt die internationale (bzw. „transnational"-europäische) Ebene sogar bei 16% der NPOs eine weitere Handlungsdimension dar. – Der Befund, dass ein Großteil der Organisationen auf der lokalen bzw. lokal / regionalen Ebene aktiv ist, verdankt sich einerseits unseren Auswahlkriterien zur angemessenen Berücksichtigung der örtlichen Organisationen. Andererseits bestätigt das Ergebnis die Tatsache der dezentralen Verankerung und Relevanz des deutschen „Dritten Sektors". Interessant ist auch, dass der internationale Handlungsbezug nahezu doppelt so oft genannt wird wie zusätzliche Aktivitäten auf Bundesebene bzw. fast gleich oft wie solche auf Landesebene.

2. Einnahmen und Ausgaben im Finanzbudget des „Dritten Sektors"

2.1 Die Höhe des jährlichen Etats der Nonprofit-Organisationen

10. Budgetklassen und Budgethöhe

Die meisten NPOs, nämlich rund ein Drittel, verfügen über ein Budget[12] der Größenklasse zwischen DM 62.500 und DM 500.000. Die Zahl der Organisationen mit einem geringeren Budget (bis zu DM 62.500) macht einen Anteil von 28% aus. Weiterhin verfügen 27% über einen Haushalt in der Höhe zwischen DM 500.000 und DM 3 Mio. Den beiden höchsten Budgetklassen unserer Befragung - DM 3 bis 10 Mio bzw. über DM 10 Mio - haben sich 14% der befragten NPOs zugeordnet. Insgesamt hat unsere Auswertung ergeben, dass die durchschnittliche Nonprofit-Organisation in Deutschland schätzungsweise über einen Jahresetat von circa DM 370.000 verfügt.[13] – Das durchschnittliche jährliche Haushaltsbudget einer Organisation des deutschen „Dritten Sektors" ist relativ niedrig und prädestiniert diese nicht für Aufgaben, deren Erbringung kontinuierlich zu erfolgen und deshalb die Form der

---

[12] Mit „Budget" ist die Summe aller Einnahmen aus den verschiedensten Quellen gemeint (öffentliche Zuschüsse, Spenden, Eigeneinnahmen etc.). Die Organisationen mussten nicht den exakten Betrag ihres Budgets angeben, sondern eine von 10 Größenklassen ankreuzen. Mittelwerte konnten daher nur geschätzt, nicht exakt bestimmt werden. Wir berechneten dabei die Median- oder Zentralwerte, die angeben, welche Budgethöhe die Hälfte einer bestimmten untersuchten Gruppe erreicht. Das bedeutet, 50% dieser Gruppe erreicht maximal dieses Budget, die anderen 50% liegen darüber.

[13] Geschätzte Medianwerte.

Erwerbsarbeit anzunehmen hätte. Auf der anderen Seite verfügen rund 40% der NPOs über ein Budget, das jenseits der Grenze von DM 500.000 liegt und diese Marke zum Teil sogar erheblich überschreitet. Dies wiederum deutet darauf hin, dass die ökonomischen Größenordnungen im deutschen „Dritten Sektor" sehr starke Differenzen aufweisen.

11. *Abhängigkeit der Budgethöhe vom Haupttätigkeitsfeld*
Unsere Analysen zeigen, dass die Höhe des Budgets im Wesentlichen davon abhängt, in welchem Haupttätigkeitsfeld (siehe # 6) eine NPO aktiv ist.

(a.) Über die *geringsten* Mittel verfügen NPOs in den Bereichen *Kultur / Freizeit* (jahresdurchschnittlich etwa DM 75.000) sowie *Bürgerrechte* (jahresdurchschnittlich DM 120.000)[14]. Während das Jahresbudget bei 46% der bürgerrechtlichen Organisationen immerhin über der Marke von DM 250.000 liegt, ist das im Kultur- und Freizeitbereich nur bei 32% der Fall. Mit einem Zehntel dieses Betrags (d.h. mit einem Etat unter DM 25.000) arbeiten 29% der Bügerrechte-NPOs. Mit einem Mini-Haushalt unterhalb der Grenze von DM 12.500 operieren sogar 30% der Organisationen im Bereich Kultur / Freizeit.

(b) Mit einem durchschnittlichen Jahresbudget von circa DM 770.000 sind die Nonprofit-Organisationen im Bereich *Erziehung und Bildung* am besten ausgestattet. 53% verfügen über einen Etat von mehr als einer Million Mark; bei einem Viertel übersteigt der Etat die Marke von DM 3 Mio bzw. DM 10 Mio. Demgegenüber sind Mini-Jahresbudgets bei NPOs in diesem Tätigkeitsfeld mit 2,6% so gut wie nicht vertreten.

(c) NPOs, die in den Tätigkeitsfeldern des *Sozialbereichs* arbeiten, liegen mit einem durchschnittlichen Jahresbudget von rd. DM 550.000 im oberen Mittelfeld. Ein knappes Drittel (31%) dieser Organisationen verfügt über einen Haushalt von mehr als einer Million Mark, während nur knapp 10% über ein relativ kleines Budget in der Höhe bis zu DM 25.000 verfügen.

(d) NPOs im *Gesundheitsbereich* verwalten im Durchschnitt ein geschätztes Jahresbudget in Höhe von DM 240.000. Bei gut einem Viertel dieser Nonprofits handelt es sich um „low budget"-Organisationen mit einem jährlichen Etat bis zu maximal DM 25.000. Hingegen weisen 30% einen Haushalt von über einer Million Mark auf. Diese vergleichsweise niedrigen Budgets im Gesundheitsbereich verdanken sich der bereits angesprochenen Zusammensetzung der befragten Organisationen, unter denen kleinere Einrichtungen überwiegen (siehe Fußnote 7).

Angesichts der jeweils konkreten Aufgaben und Ziele der Nonprofit-Organisationen überrascht es nicht, dass zwischen den Tätigkeitsfeldern und der Höhe der Budgets ein Zusammenhang besteht: Während NPOs im Kultur-

---

14 Geschätzte Medianwerte.

und insbesondere im Freizeit- und Sportbereich ihre Angebote hauptsächlich auf ehrenamtlicher Basis organisieren, werden im Sozial-, Gesundheits- und Bildungsbereich zumeist hoch professionalisierte, auf Dauer angelegte (Dienst-) Leistungen erbracht. Hinzu kommt der umfassende Bereich geförderter Beschäftigung, der nur mit verhältnismäßig großen Haushaltsmitteln zu bewältigen ist.[15]

12. Zusammenhänge zwischen Budgethöhe und Rechtsform

Unterschiede in der Höhe der Budgets werden auch beim Vergleich der verschiedenen NPO-Rechtsformen deutlich. Organisationen mit dem juristischen Status von eingetragenen Vereinen verfügen durchschnittlich über geringere Budgets als GmbHs, Stiftungen und Genossenschaften. Das extreme Ausmaß der Differenz zeigt sich bei der Gegenüberstellung der geschätzten Medianwerte: Dieser beträgt bei den Vereinen circa DM 185.000, bei den Organisationen mit anderem Rechtsstatus jedoch rd. DM 2 Mio, d.h. mehr als das Zehnfache.[16] – Die Ergebnisse zeigen, dass im deutschen „Dritten Sektor" hinsichtlich des Umfangs der verfügbaren Haushaltsmittel eine klare Trennungslinie zwischen vereinsrechtlich verfassten NPOs und solchen mit einem anderen Rechtsstatus verläuft. Diese lässt sich zum Großteil aus den unterschiedlichen Zwecksetzungen erklären, die mit den jeweiligen Rechtsformen verbunden sind: Während Vereine gemäß ihren Statuten (und im Sinne der Gemeinnützigkeit; siehe # 4) in erster Linie „ideale" Ziele verfolgen, dienen die anderen Legalformen v.a. ökonomischen Belangen.

2.2 Geldquellen, Finanzierungstypologie und Abhängigkeiten

13. Hauptsächliche Einkommensformen des „Dritten Sektors"

Die Auswertung der schriftlichen Befragungsergebnisse[17] ergab, dass sich die Etats im Durchschnitt[18] aus zwei dominierenden Einkommensformen speisen: den „öffentlichen Zuwendungen" (mit einem Anteil von rd. 40% des Ge-

---

[15] Wir werden im weiteren Verlauf noch näher auf die angesprochenen Unterschiede zu sprechen kommen.

[16] Die Gruppe der Genossenschaften, Stiftungen und GmbHs ist allerdings nicht gänzlich homogen. So weisen GmbHs und öffentliche Stiftungen etwas höhere Etats auf als private Stiftungen und Genossenschaften. Auch unter den e.V.-Organisationen finden sich selbstverständlich solche mit sehr hohen Einnahmen, allerdings nur in geringer Zahl. Z.B. verfügen 7% der Vereine über Budgets zwischen DM 3 Mio und DM 10 Mio, nur knapp 2% über mehr als DM 10 Mio. In der Vergleichsgruppe der nicht-vereinsrechtlichen NPOs managen 27% Budgets in Höhe dieser beiden Größenklassen.

[17] Im Fragebogen wurden die Organisationen gebeten, die jeweils prozentualen Anteile ihrer Einnahmequellen anzugeben. Zur Auswahl standen einerseits fünf Haupteinnahmequellen, andererseits - innerhalb der Kategorie „private Einnahmen" - sechs weitere Differenzierungen, deren Summe die Gesamtheit aller „privaten" Mittel entsprach.

[18] D.h. durch Berechnung des arithmetischen Mittelwerts.

samtbudgets) sowie den „privaten Zuwendungen" (mit einem etwas kleineren Anteil von rund 37%). Weit geringer sind die durchschnittlichen Einnahmen aus den Verkaufserlösen von Dienstleistungen und Produkten (12% der Budgets), aus „Leistungsentgelten" wie z.B. Kostenerstattungen der Krankenkassen (ca. 7%) sowie aus den Kapital- und Vermögenserträgen (z.B. Immobilien), die mit knapp 4% kaum noch ins Gewicht fallen.[19] An der Spitze der Kategorie „private Zuwendungen" stehen die Mitgliedsbeiträge mit einem Anteil von durchschnittlich 35% sowie Spenden mit 21%. Nur eine Minderheit der NPOs gab weitere private Einnahmequellen an, die bei ihnen je nach Kategorie zwischen 18% und 30% der privaten Mittel ausmachten. Sponsorengelder von Unternehmen betreffen circa 9% aller privaten Mittel. Alle sonstigen privaten Geldquellen[20] erreichten zwischen 4% und 6%. – Die Ergebnisse zeigen, dass der deutsche „Dritte Sektor" in hohem Ausmaß „zuwendungsabhängig" ist, während er seine Einnahmen nur zu einem Fünftel durch Verkaufserlöse und Leistungsentgelte aus „produktiver" Tätigkeit erzielt. Die auf der Grundlage von Durchschnittswerten ermittelten allgemeinen Daten geben jedoch nur einen Teil der differenzierten NPO-Realität wieder, wie die folgenden Abschnitte (## 14 und 15) zeigen.

14. NPO-Typologie auf der Grundlage der Hauptfinanzierungsquellen
Aufgrund ihrer jeweiligen Haupt-Finanzierungsquelle lassen sich drei Typen von Nonprofit-Organisationen unterscheiden:
➢ *Typ A: Staatlich finanzierte NPOs*
   Zu Typ A zählen knapp zwei Fünftel (38%) der befragten Nonprofit-Organisationen. Sie beziehen mindestens 66% ihres Einkommens aus öffentlichen Zuwendungen. Bei 25% der NPOs ist deren Anteil am Budget sogar höher als 80%. Die restlichen Einnahmen des Typs „staatlich finanzierte NPO" setzen sich hauptsächlich aus privaten Zuwendungen und Verkaufserlösen zusammen. Diese machen allerdings im Schnitt jeweils weniger als 10% des Budgets aus[21].
➢ *Typ B: Privat finanzierte NPOs*
   Zu Typ B können ebenfalls knapp zwei Fünftel (38%) der befragten NPOs gerechnet werden. Sie erhalten keinerlei öffentliche Zuwendungen. Ihre hauptsächliche Finanzierungsquelle sind private Mittel, aus denen sich im Durchschnitt mehr als zwei Drittel des Budgets speisen. Verkaufserlöse haben mit einem Anteil von 14% einen höheren Stellenwert

---

[19] Die offene Antwortmöglichkeit, zusätzlich „andere Quellen" zu nennen, wurde durchschnittlich von knapp 1% der NPOs genutzt.
[20] Bei diesen handelt es sich um „interne Zuschüsse von Trägerorganisation / Verband", „Stiftungsgelder" und „Zuweisungen" wie z.B. Bußgelder. Letztere wurden deshalb zu den privaten Mitteln gezählt, da Privatpersonen sie aufbringen, auch wenn sie durch die öffentlichen Gerichte angewiesen werden.
[21] Verkaufserlöse 4%, private Einnahmen 8% im Durchschnitt.

als bei „Typ A". Der Anteil von Kapitalerträgen und Leistungsentgelten beträgt jeweils 8%.
- *Typ C: NPOs vom Typ Finanzierungsmix*
Bei deutlich mehr als einem Fünftel (24%) der befragten NPOs handelt es sich um den Typ C. Bei diesen Organisationen sind die verschiedenen Einnahmequellen eher ausgeglichen, wobei die privaten Einnahmen überwiegen. Der Anteil letzterer beträgt durchschnittlich 35% des Etats, während öffentliche Zuwendungen einen Anteil von 27% erreichen. Mit 19% bilden Verkaufserlöse bei Typ C einen höheren Anteil als bei den Typen A und B. Auch Leistungsentgelte spielen mit 14% noch eine gewisse Rolle. Hingegen fallen Kapitalerträge mit durchschnittlich 3% nicht ins Gewicht.

15. Grad der Abhängigkeit von Haupteinkommenssquellen

Um in der Lage zu sein, genauer zu erkennen, in welchem Ausmaß die untersuchten NPOs von bestimmten ihrer Haupteinkommensquellen abhängen, unterscheiden wir in zwei weiteren Analyseschritten zwischen einer relativen und einer absoluten finanziellen Dependenz (bzw. Independenz).

(a.) Im Zusammenhang der relativen Dependenz wurden jeweils diejenigen Einkommensformen ermittelt, deren Anteil am Haushalt der Organisation jede andere Finanzierungsquelle um mindestens 30 Prozentpunkte übersteigt. Auf dieser Berechnungsbasis wurden vier verschiedene Kategorien der relativen finanziellen Dependenz (bzw. Independenz) gebildet:

- die *relative Abhängigkeit vom Staat*[22],
- die *relative Abhängigkeit von Privaten*[23],
- die *relative Abhängigkeit vom Markt* [24],
- die *relative Independenz"*[25].

Unsere Analyse hat ergeben, dass knapp die Hälfte der antwortenden NPOs (48%) eine relative Abhängigkeit vom Staat aufweisen. Gut ein Drittel (34%)

---

[22] D.h. dass die öffentlichen Mittel (Zuwendungen und Leistungsentgelte) jede andere Haupteinnahmequelle um mindestens 30 Prozentpunkte übersteigen. Z.B.: eine Einrichtung, die sich zu 65% aus öffentlichen Mitteln, zu 30% aus Verkaufserlösen und zu 5% aus privaten Mitteln finanziert.

[23] D.h., die privaten Mittel (Spenden, Mitgliedsbeiträge, Sponsoring u.ä.) überwiegen anteilsmäßig um mindestens 30 Prozentpunkte. Z.B.: Verein XY bezieht 60% seiner Einnahmen aus privaten Mitteln, 20% aus Verkaufserlösen und weitere 20% aus öffentlichen Mitteln.

[24] Im Fall, dass Einnahmen aus Verkaufserlösen um mindestens 30 Prozentpunkte höher sind als das Einkommen aus anderen Finanzierungsquellen. Z.B.: Eine GmbH speist 50% ihrer Einnahmen aus Verkaufserlösen, je 20% aus öffentlichen Mitteln und Kapitalerträgen sowie 10% aus privaten Mitteln.

[25] Unter der Voraussetzung, dass keine der Haupteinnahmequellen eine andere um bis zu 30 Prozentpunkte übertrifft. Z.B.: eine Organisation mit einem Finanzierungsanteil von 40% aus Verkaufserlösen, 30% öffentlichen Zuwendungen und 30% privaten Mitteln.

steht in relativer Dependenz zu den Privaten. Eine relative Abhängigkeit vom Markt ist bei 6,5% der NPOs zu erkennen. Als relativ independent können 11% der Nonprofit-Organisationen gelten. – Diese Ergebnisse lassen (deutlicher als es in # 14 der Fall ist) erkennen, dass sich der „Dritte Sektor" in Deutschland zu einem Großteil in relativer finanzieller Abhängigkeit v.a. vom Staat, aber auch von privaten Einkommensquellen befindet. Von einer relativen Marktabhängigkeit des deutschen „Dritten Sektors" kann in nennenswertem Umfang nicht die Rede sein.

(b) Als Gradmesser der absoluten Abhängigkeit einer NPO soll gelten, dass mindestens drei Viertel des Gesamtbudgets der Organisation aus nur einer der hauptsächlichen Einnahmequellen stammen.[26] Unsere Analyse hat ergeben, dass nur etwa jede fünfte NPO als *nicht* absolut dependent (im definierten Sinne) bezeichnet werden kann.[27] 78% der Organisationen müssen als absolut abhängig eingestuft werden, weil sie die Dominanz einer bestimmten Einkommensquelle aufweisen. Von diesen 168 Organisationen sind über die Hälfte (51%, das entspricht 40% aller befragten NPOs) absolut abhängig von staatlichen Mitteln. In gut zwei Fünfteln der Fälle (42% bzw. 33% aller befragten NPOs) besteht eine absolute Dependenz hinsichtlich privater Mittel. Nur in elf Fällen (6,5%) ist von einer „marktwirtschaftlichen" Dominanz auszugehen, weil sich der Etat dieser NPOs zu mindestens 76% aus Verkaufserlösen zusammensetzt. – Die Analyse zeigt, dass die finanziellen Abhängigkeiten, die charakteristisch sind für den deutschen „Dritten Sektor", nicht nur relativer Art sind, sondern auch den Grad der absoluten Dependenz vom Staat bzw. von privaten Zuwendungen aufweisen. Hinsichtlich letzterer differieren die relative und die absolute Dependenz nur um einen Prozentpunkt (34% vs. 33%), während die absolute Abhängigkeit von staatlichen Zuwendungen mit 40% zwar immer noch hoch ist, aber um 8 Punkte geringer als die relative (48%).

2.3 Einflussfaktoren auf die Zusammensetzung des Budgets

Im Folgenden geht es um die Klärung der Frage, von welchen möglichen Faktoren die Zusammensetzung des Budgets einer Nonprofit-Organisation abhängt. Unsere Analyse zeigt, dass Faktoren wie beispielsweise die Budgethöhe (siehe # 16), das Haupttätigkeitsfeld (siehe # 17) und die Rechtsform der Organisation (siehe # 18) eine Rolle spielen.[28]

---

[26] Z.B.: Ein Verein finanziert sich zu 80% aus öffentlichen und zu 20% aus privaten Mitteln.
[27] Bei diesen Organisationen dominiert keine Ressource in dem Maße, dass sie 75% des Etats ausmacht. Eine relative Abhängigkeit (siehe # 15 (a)) kann bei diesen NPOs dennoch gegeben sein.
[28] Damit sind selbstverständlich nicht *alle* möglichen Einflussfaktoren auf die Zusammensetzung der Einnahmen genannt. Zu vermuten ist, dass z.B. auch spezifische interne Gege-

16. Verhältnis zwischen Höhe des Budgets und seiner Zusammensetzung
Die folgenden Ergebnisse lassen sich zu der These verdichten, dass die spezifische Zusammensetzung der von einer NPO genutzten finanziellen Ressourcen stark davon abhängt, wie hoch das Gesamtbudget einer Organisation ist.

➢ Organisationen der niedrigeren Budgetklassen weisen häufiger als finanzkräftigere Organisationen das Merkmal absoluter Dependenz (siehe # 15 (b)) auf. 59% derjenigen NPOs, deren Einnahmen zu mindestens 75% aus einer einzigen Finanzierungsquelle stammen, verfügen über ein niedriges oder mittleres Budget (bis maximal DM 500.000). Dagegen verringert sich die absolute Abhängigkeit von einer spezifischen Einkommensquelle in denjenigen Organisationen, die einen hohen Etat aufweisen.[29] D.h., mit steigendem Budget nimmt die Anzahl der genutzten Ressourcen zu und die absolute Abhängigkeit von einer einzelnen Finanzierungsquelle ab. – Das Ergebnis deutet darauf hin, dass Organisationen erst ab einer bestimmten Budgethöhe in der Lage sind, bestimmte Einnahmequellen - z.B. Stiftungsgelder oder Leistungsentgelte - zu erschließen bzw. zu nutzen.

➢ Einerseits beziehen fast zwei Drittel der Organisationen mit einem geringen Budget (bis maximal DM 62.500) keinerlei öffentliche Mittel, d.h. weder Zuwendungen noch Leistungsentgelte; drei Fünftel dieser NPOs finanzieren sich vielmehr zu über 80% aus privaten Einnahmen. Auf der anderen Seite zeigt sich, dass die NPOs der höchsten Budgetklassen (DM 3 Mio bis über DM 10 Mio Mark) überwiegend öffentliche Mittel erhalten; 54% dieser Gruppe von Organisationen verfügen über einen Etat, der sich zu mehr als zwei Dritteln den Zuwendungen der öffentlichen Hände verdankt. Aufschlussreich ist auch, dass etwa drei Fünftel der „reichsten" Organisationen keinerlei private Zuwendungen erhalten. – Kurz: Während bei NPOs mit einem kleinen Etat der staatliche Anteil geringer als der private ist oder gegen Null tendiert, wächst mit steigendem Budget der Anteil öffentlicher Einnahmen, zugleich aber sinkt der Anteil privater Einnahmen.

➢ Ähnlich wie die Entwicklung der öffentlichen Einnahmen verläuft auch die Tendenz bei den Einkommen aus dem Verkauf von Leistungen oder Produkten: Bei geringen Budgets weisen nur ca. 25% der betreffenden NPOs Verkaufserlöse auf, während sich in der höchsten Budgetklasse immerhin die Hälfte der Organisationen auch aus eigenerwirtschafteten Einnahmen finanziert.

---

[29] benheiten der Organisation eine Rolle spielen (z.B. persönliche Kontakte, ideologische Ausrichtung) sowie regionale Besonderheiten (z.B. Standort in Ost- oder Westdeutschland, bestimmte länderspezifische oder kommunale Förderpolitiken).
In der zweithöchsten Budgetklasse (DM 500.001-DM 3 Mio) sind 27% dominiert von einer Ressource, in der höchsten Klasse (DM 3 Mio bis über DM 10 Mio) sind es nur noch 13%.

 # 17. Beziehungen zwischen Haupttätigkeitsfeld und Finanzierungsquellen
Ohne im Folgenden näher auf Details einzugehen, ist festzuhalten, dass die Organisationen in den Haupttätigkeitsfeldern des *Sozial-* und des *Bildungswesens* Etats aufweisen, die am stärksten von Einnahmen aus öffentlichen Mitteln geprägt sind. Eine relative Abhängigkeit vom Staat (siehe # 15 (a)) weisen mehr als zwei Drittel der Einrichtungen dieser Bereiche auf; im Haupttätigkeitsfeld Soziales handelt es sich hierbei um 69% der NPOs, im Bildungsbereich um 70%.[30] Hingegen kann bei den Organisationen des *Kultur- und Freizeit*-Sektors mehrheitlich (60%) eine relative Dependenz von privaten Zuwendungen nachgewiesen werden.[31] 21% der NPOs im Bereich *Interessenvertretung* können als relativ abhängig vom Marktgeschehen eingestuft werden, da ihre Einkünfte aus eigenerwirtschafteten Mitteln mindestens 30 Prozentpunkte höher sind als die Einnahmen aus anderen Quellen.[32] Im *Gesundheitssektor* erweist sich jede zweite NPO (50%) als relativ abhängig vom Staat[33], jede vierte (25%) als dependent von Privaten. Ein knappes Fünftel der Organisationen im Haupttätigkeitsfeld „Gesundheit" kann nach unserer Definition allerdings als nicht dependent gelten. (Im Vergleich zu anderen Bereichen ist dieser Anteil relativ unabhängiger Organisationen im Gesundheitswesen am höchsten.[34]) – In Anbetracht der Haupttätigkeitsfelder zeigen unsere Ergebnisse, dass die jeweilige Finanzierungsstruktur spezifische Besonderheiten aufweist: Bei den meisten NPOs im Sozial- und Bildungswesen, in etwas geringerem Umfang auch bei denen im Gesundheitssektor liegt der Anteil staatlicher Mittel jeweils um mindestens 30 Prozentpunkte höher als der Anteil anderer Ressourcen. Ähnliches gilt für den Anteil privater Zuwendungen im Kultur- und Freizeitbereich. Im Aufgabenfeld „Interessenvertretung" verteilt sich die relative Abhängigkeit - und zwar in absteigender Linie - auf öffentliche Mittel, private Zuwendungen sowie auf eigenerwirtschaftete Mittel.

---

30 Diese generelle Tendenz schließt Abweichungen nicht aus. So erhalten beispielsweise 28% der NPOs im Sozialbereich und 22% im Bildungsbereich keinerlei öffentliche Zuwendungen.
31 Auch hier wäre eine Verallgemeinerung unzulässig; 14% der Kultur/Freizeit-Organisationen sind hauptsächlich von öffentlichen Mitteln abhängig.
32 Die meisten NPOs dieser Kategorie weisen jedoch - nicht unbedingt erwartungsgemäß - eine relative Abhängigkeit vom Staat (33%) bzw. von Privaten (29%) auf.
33 Der Gesundheitsbereich ist übrigens auch der einzige, der einen relevanten Anteil an Leistungsentgelten verbuchen kann. Diese belaufen sich durchschnittlich auf 25% des Budgets. Im allgemeinen kann jedoch von einem höheren Anteil öffentlicher Finanzierung in diesem Teilsektor ausgegangen werden, wenn die großen gemeinnützigen stationären Einrichtungen einbezogen werden (vgl. Zimmer / Priller 1999).
34 Mit jeweils 17% weisen auch die Bereiche „Kultur / Freizeit" und „Interessenvertretung" relevante Anteile von nicht dependenten NPOs auf.

18. Beziehungen zwischen der Rechtsform und der Struktur des Budgets
Jeder zweite *Verein* ist finanziell relativ abhängig vom Staat, jeder dritte von privaten Zuwendungen, und nur jeder zehnte weist eine gemischte Finanzierung auf. Bei den *GmbHs* ist der Anteil der gemischt finanzierten unbedeutend höher (11%). Es überwiegt - wie bei den Vereinen - eine staatlich geprägte Finanzierungsstruktur, die bei 44% der GmbHs nachgewiesen werden kann. Bei weiteren 22% NPOs dieser Rechtsform rangieren die eigenerwirtschafteten Mittel mit einem Vorsprung von mindestens 30 Prozentpunkten vor den anderen Ressourcen. Ihre relative Abhängigkeit vom Markt ist bei den *Genossenschaften* noch weitaus deutlicher zu erkennen; 60% der genossenschaftlichen NPOs verfügen über einen Etat, der überwiegend eigenerwirtschaftet ist, und nur jeweils 20% der Genossenschaften sind relativ abhängig vom Staat oder von privaten Zuwendern. Wie nicht anders zu erwarten, sind *private Stiftungen* von staatlichen Mitteln weitgehend unabhängig.[35] Sie weisen häufiger als anders verfasste NPOs eine ausgeglichene Ökonomie auf.[36] – Im deutschen „Dritten Sektor", so zeigen unsere Ergebnisse, besteht ein Zusammenhang zwischen der jeweiligen Legalform einer NPO und der Zusammensetzung ihres Budgets. Staatliche Mittel überwiegen im Etat von Vereinen und GmbHs, eigenerwirtschaftete im Etat von Genossenschaften. Was den Anteil der Eigenmittel sowie staatlicher und privater Zuwendungen anbelangt, ist das Budget der Stiftungen verhältnismäßig ausgeglichen.

19. Die Rechtsform und der Anteil privater Zuwendungen
Drei interessante Ergebnisse seien hier noch am Rande erwähnt: Erstens machen *Stiftungsmittel* durchschnittlich 26% der nichtöffentlichen Zuwendungen bei denjenigen NPOs aus, die selbst Stiftungen sind. Bei allen anderen Rechtsformen schlagen Zuwendungen durch Stiftungen nur mit einem Anteil von unter 3% zu Buche. D.h., dass private Zuwendungen aus Stiftungsvermögen in höherem Maße eher den NPOs dieser spezifischen Rechtsform als anderen Nonprofit-Organisationen zu Gute kommen.[37] Zweitens: *Sponsorengelder* sind hauptsächlich eine Ressource von GmbHs. Deren Mittel aus privaten Quellen stammen durchschnittlich zu 24% von Sponsoren, während der

---

[35] Allerdings waren die privaten Stiftungen hinsichtlich ihrer Budgets am wenigsten auskunftsfreudig; fast ein Drittel zog es vor, die Fragen nach den Einnahmequellen unbeantwortet zu lassen.

[36] Jedenfalls ist bei mindestens jeder vierten Stiftung der Finanzierungsmix verhältnismäßig ausgewogen. Lediglich 11% der privaten Stiftungen weisen eine relative Abhängigkeit vom Staat auf. Fast jede dritte Stiftung verfügt über einen Etat, der überwiegend auf privaten Zuwendungen beruht.

[37] Dieses Ergebnis muss allerdings insofern relativiert werden, weil sich ein Großteil der von uns befragten Stiftungen als operativ versteht und das Stiftungsvermögen in eigenen Unternehmungen einsetzt. Von dieser Einschränkung unberührt bleibt die Tatsache, dass der unter 3% liegende Anteil von Stiftungsmitteln an den privaten Zuwendungen, die den übrigen Organisationen des deutschen „Dritten Sektors" zuteil werden, ungemein niedrig ist.

entsprechende Anteil bei allen anderen Organisationstypen unter 10% liegt. Drittens: Bei den Vereinen dominieren als private Einnahmequellen eindeutig die Mitgliedsbeiträge und Spenden.

2.4 Ausgabenstruktur und Verwendung von Überschüssen

20. Verteilung der Ausgaben auf einzelne Kostenarten

Ermittelt wurden die Etatausgaben in den Jahren 1995 und 1997.[38] Der Vergleich der Ausgabenstruktur beider Jahre zeigte allerdings keine markanten Veränderungen. Im Median[39] verteilten sich die Ausgaben des „Dritten Sektors" zu 60% auf Personal- und zu 30% auf Sachkosten. Finanzierungskosten (z.B. Zinsen) waren im Median gleich Null. Bezogen auf die einzelnen NPOs variiert die Verteilung:[40] Im Gegensatz zum Durchschnitt verwendet ein knappes Viertel der NPOs (23%) zwischen 80% und 100% der gesamten zur Verfügung stehenden Mittel für *Sachkosten*. Die Ausgaben für *Personalkosten* überschreiten bei 45% der NPOs zwei Drittel ihres Etats, wohingegen bei einem knappen Fünftel der Nonprofit-Organisationen überhaupt keine Personalausgaben anfallen. *Finanzierungskosten* fallen bei 17% der Organisationen an, dort allerdings meistens nur in der Höhe zwischen einem und 16% der Ausgaben. – Die Ergebnisse deuten an, dass im deutschen „Dritten Sektor" eine Trennungslinie verläuft zwischen NPOs, die einen sehr hohen Personalkostenanteil aufweisen, und solchen, die mit ihrem Etat überwiegend oder ausschließlich die Finanzierung von Sachkosten bestreiten.

21. Die Verwendung erwirtschafteter Überschüsse

Für viele Nonprofit-Organisationen scheint es sehr schwierig, wenn nicht unmöglich zu sein, Überschüsse[41] zu erwirtschaften.[42] Die meisten Organisa-

---

38 Hierbei war die Anzahl fehlender Antworten verhältnismäßig hoch, insbesondere bezüglich des Jahres 1995 (22% fehlende Antworten; für 1997: 18%).
39 Der Median gibt an, welche Werte die Hälfte der Untersuchten erreicht. Die andere Hälfte liegt jeweils über diesem Wert.
40 Die folgenden Daten beziehen sich auf die Angaben für das Jahr 1997.
41 Entgegen eines weit verbreiteten Irrtums ist es auch gemeinnützigen Nonprofit-Organisationen rechtlich möglich, bis zu einer gewissen Obergrenze Überschüsse zu erwirtschaften, sofern sie in die gemeinnützigen Zwecke reinvestiert werden. Oberhalb dieses Freibetrags werden sie allerdings steuerpflichtig und geraten in die Gefahr, ihre Gemeinnützigkeit zu verlieren.
42 Unsere Frage bezog sich auf die Verwendung tatsächlich erwirtschafteter oder möglicher Überschüsse. Die Befragten konnten aus sieben Vorgaben (und einer offenen Option) mehrere zutreffende Antworten wählen, wobei jeweils eine Möglichkeit vorgesehen war für die *tatsächliche* Verwendung von Überschüssen und für die *„gewünschte"* Verwendung - unabhängig davon, ob derzeit Gewinne erwirtschaftet werden oder nicht. Beantwortet wurde die Frage von 71% der am Rücklauf beteiligten NPOs. Die meisten der Antwortenden machten nur Angaben zur tatsächlichen Verwendung ihrer Erlöse (45%). Die Möglichkeit,

tionen gaben zwei oder drei *tatsächliche* Verwendungszwecke an. An oberster Stelle rangierte dabei die Bildung von Rücklagen (41%). An zweiter Stelle wurde die Verbesserung der Qualität und/oder der Quantität des Angebots genannt (25%). 17% der Antworten entfielen auf die Möglichkeit von Investitionen in das Personal, d.h. vorwiegend auf die Finanzierung von Qualifizierungsmaßnahmen (12%), kaum jedoch auf die Schaffung neuer Arbeitsplätze (5%).[43] Auch „altruistische" Zwecke, wie beispielsweise die Unterstützung anderer NPOs oder die Reduzierung der Preise für Dienstleistungen und Produkte wurden selten angegeben (8%). Die Prioritäten hinsichtlich der *gewünschten* Verwendungszwecke[44] potenzieller Überschüsse ergaben ein etwas anderes Bild: 28% der NPOs würden Gewinne einsetzen, um die Qualität und/oder Quantität ihrer Angebote zu erhöhen. An nächster Stelle - und damit verhältnismäßig weit oben - rangiert die Schaffung neuer Arbeitsplätze (25%), gefolgt von Qualifizierungsmöglichkeiten für die MitarbeiterInnen (20%). 17% wünschen die Bildung von Rücklagen. „Altruistische" Zwecke bilden auch bei den potenziellen Verwendungszwecken eine untergeordnete Rolle (6%). – Die Antworten auf die tatsächliche bzw. gewünschte Verwendung erwirtschafteter Gewinne lassen die These zu, dass nicht zuletzt die geringe Kapitalausstattung der Nonprofit-Organisationen diese daran hindert, neue Arbeitsplätze einzurichten. Die Richtigkeit dieser These wird durch die Analyse derjenigen Antworten bekräftigt, bei denen die tatsächliche und die gewünschte Verwendung innerhalb einer der vorgegebenen Kategorien kongruent waren.[45] Diese Übereinstimmung, die als Zufriedenheitskriterium gewertet werden kann, zeigte sich bei 19% aller Antworten und lässt folgenden Schluss zu: Am zufriedensten sind diejenigen NPOs, die ihre Überschüsse in Rücklagen investieren (41%) oder in Maßnahmen der Qualitäts-/Quantitäts-Steigerungen des Angebotes anlegen (33%), während es kaum Organisationen gibt, die durch ein kongruentes Antwortverhalten ihre Zufriedenheit darüber zum Ausdruck bringen, dass mit den erwirtschafteten Gewinnen neue Arbeitsplätze geschaffen werden. Es handelt sich nur um sehr wenige NPOs, die mit ihren Erlösen tatsächlich den kostenintensiven Zweck der Einstellung zusätzlichen Personals zu realisieren vermögen.

---

[43] die gewünschten Verwendungszwecke zu nennen, wurde nur von 36% genutzt. Bei den übrigen Antwortenden (19%) bestand eine Übereinstimmung zwischen „tatsächlicher" und „gewünschter" Verwendung innerhalb einer Antwortkategorie.
Dieses Ergebnis lässt sich wahrscheinlich durch das quantitative Missverhältnis zwischen verfügbaren Überschüssen und den entstehenden Kosten für neues Personal erklären.
[44] Zu bedenken ist hierbei die insgesamt niedrige Antwortquote (36% aller Antworten).
[45] Wenn die tatsächliche Verwendungsart der Überschüsse einer NPO von dieser auch für die Zukunft gewünscht wird, schließen wir aus dem kongruenten Antwortverhalten auf die Zufriedenheit der Organisation mit der bestehenden Art der Verwendung.

 # 22. Die tatsächliche Gewinnverwendung in den Haupttätigkeitsfeldern
Bezogen auf die einzelnen Haupttätigkeitsfelder des „Dritten Sektors" zeigen sich folgende Unterschiede bei der tatsächlichen Verwendung erwirtschafteter Überschüsse:
- ➢ NPOs des *Gesundheitsbereichs* investieren vor allem in Maßnahmen der Qualitätsverbesserung und der Steigerung der Angebotsmenge (42%) sowie der Qualifizierung ihrer MitarbeiterInnen (33%).
- ➢ Im Bereich *Interessenvertretung* werden Gewinne ebenfalls, aber in geringerem Umfang für Maßnahmen zur Qualitätsverbesserung und zur Steigerung der Angebotsmenge verwendet (30%).
- ➢ In den Haupttätigkeitsfeldern des *Sozialwesens*, des *Bildungswesens* sowie der *Kultur und Freizeit* dominiert als tatsächlicher Verwendungszweck die Bildung von Rücklagen (zwischen 30% und 36%). Für Maßnahmen der Qualitätsverbesserung und der Angebotsausweitung sind die Werte weitaus niedriger; sie bewegen sich zwischen 11% im Sozialwesen und 19% im Bereich „Kultur / Freizeit".
- ➢ Mit Ausnahme des Bereichs der *Interessenvertretung*, wo 11% der NPOs die erwirtschafteten Gewinne für „altruistische" Zwecke ausgeben, wird diese Verwendungsart in den übrigen Haupttätigkeitsfeldern nur von 4% der NPOs genannt.

 # 23. Die optionale Gewinnverwendung in den Haupttätigkeitsfeldern
Bei den Antworten auf die Frage nach den optional bevorzugten Verwendungszwecken wurden folgende Unterschiede sichtbar:
- ➢ Der Wunsch, mit Hilfe erwirtschafteter Überschüsse Arbeitsplätze zu schaffen und neues Personal einzustellen oder in die Fort- und Weiterbildung der MitarbeiterInnen zu investieren, wurde hauptsächlich von Nonprofit-Organisationen in den Bereichen Sozial- und Bildungswesen genannt (40% bzw. 37%). In den anderen Haupttätigkeitsfeldern wurde diese Option seltener geäußert (circa 15%).
- ➢ NPOs im Sozialbereich votierten zudem relativ häufig (24%) für die Verwendung von Gewinnen zum Zweck der Qualitätsverbesserung und der Erweiterung ihres Angebots.
- ➢ Auffallend war auch, dass NPOs im Bildungs- und im Sozialbereich häufiger die „gewünschte" als die „tatsächliche" Verwendung von Überschüssen ankreuzten.[46] – Dieses Ergebnis lässt sich so interpretieren, dass im Sozial- und im Bildungsbereich kaum Gewinne erwirtschaftet werden (können) und ein größerer Bedarf an weiteren finanziellen Ressourcen gesehen wird.

---

[46] Bei den Kultur/Freizeit-Einrichtungen war das Antwortverhalten genau umgekehrt; sie äusserten sich häufiger zur „tatsächlichen" als zur „gewünschten" Verwendung.

2.5 Das Marktverhalten im „Dritten Sektor"

 # 24. Bedingungen und Formen der Weitergabe von Leistungen / Produkten
Ein gewisser Indikator für das Marktverhalten der Nonprofit-Organisationen erschließt sich daraus, unter welchen Bedingungen und in welcher Form sie ihre Leistungen und Produkte an die NutzerInnen weitergeben.[47] Ein Teil der NPOs bietet - v.a. für spezifische Nutzergruppen, insbesondere einkommensschwache - Preisnachlässe (33%) oder Gratisangebote (24%) an. Bei 29% derjenigen NPOs, die ihre Leistungen kostenlos zur Verfügung stellen, kommen sogar sämtliche NutzerInnen in deren Genuss. Nur die Hälfte aller untersuchten Organisationen offeriert die Angebote generell gegen Bezahlung. Als Abnehmer der Leistungen spielen dabei Kostenträger, wie z.b. die Krankenkassen, eine wichtige Rolle.

 # 25. Das Verhältnis von Rechtsform und Leistungsweitergabe
Während *Vereine* ihre Leistungen häufiger gratis oder ermäßigt abgeben, dominiert bei *Genossenschaften* eindeutig die Bezahlung durch die NutzerInnen. *GmbHs* verkaufen ihre Leistungen in erster Linie an Kostenträger, in zweiter Linie an die unmittelbaren NutzerInnen. Bei privaten *Stiftungen* überwiegt zwar auch die Bezahlung durch die EndverbraucherInnen, doch wurden auch häufig Kostenträger bzw. Preisreduktion und Gratisangebote genannt. Bei öffentlichen Stiftungen fällt etwas mehr die Abgabe an NutzerInnen oder an Kostenträger gegen Bezahlung ins Gewicht, während Preisreduktionen und Gratisangebote selten sind. – Diese Unterschiede korrespondieren mit den bereits oben erwähnten Erkenntnissen (siehe ## 14 und 15), dass Genossenschaften und GmbHs stärker marktorientiert wirtschaften, während „Ideal"-Vereine ihre Ziele in Gestalt unentgeltlicher oder kostengünstiger Angebote zu realisieren bestrebt sind.

---

[47] 44% der Respondenten nannten nur eine Bedingung oder Form der Weitergabe, obwohl Mehrfachantworten möglich waren. Ein Drittel nutzt zwei Formen und 16% drei Formen der Angebotsdarbietung. 15% beantworteten die Frage nicht. Die folgenden Prozentwerte beziehen sich nur auf die gültigen, mehrfachen Antworten.

3. Erwerbsarbeit und Personalentwicklung im „Dritten Sektor"

3.1 Bestandsaufnahme der Beschäftigungssituation 1997

Zur Ermittlung der Beschäftigungssituation erbaten wir von den Nonprofit-Organisationen Auskunft über die Zahl der bei ihnen sowohl hauptamtlich angestellten Vollzeit- und Teilzeitkräfte als auch der vorübergehend Beschäftigten.[48] Die letztgenannte Kategorie fasst alle möglichen nebenamtlichen, unterschiedlich bezahlten und sonstigen Beschäftigungsverhältnisse zusammen: nebenamtliche Honorarkräfte, geringfügig Beschäftigte (ohne Sozialversicherung), PraktikantInnen, Zivildienstleistende und TeilnehmerInnen am Freiwilligen Sozialen oder Ökologischen Jahr. MitarbeiterInnen, deren Entlohnung über Beschäftigungsförderprogramme (ABM u.ä.) finanziert wurde, sollten - entsprechend der geleisteten Arbeitsstunden - in den Kategorien Vollzeit- oder Teilzeitbeschäftigte gesondert ausgewiesen werden. Bei allen Beschäftigtengruppen sollten sowohl die Zahlen aus den Jahren 1995 und 1997 als auch die Anteile weiblicher Beschäftigter mitgeteilt werden.

3.1.1 Die allgemeine Beschäftigungssituation im „Dritten Sektor"

 # 26. NPOs als Arbeitgeber und die Zahl ihrer erwerbstätig Beschäftigten
Die Nonprofit-Organisationen, die sich an unserer Befragung beteiligt und über ihre Personalsituation Auskunft gegeben haben[49], beschäftigten 1997 insgesamt rund 9.000 Erwerbstätige. Das bedeutet im Durchschnitt eine Zahl von rund 40 entlohnten MitarbeiterInnen pro Einheit. Dies besagt jedoch nicht, dass auch jede einzelne NPO tatsächlich Erwerbstätige beschäftigt. Vielmehr kommt faktisch rund jede vierte NPO (26%) ohne bezahlte MitarbeiterInnen aus. Umgekehrt beschäftigten jeweils drei von vier der antwortenden Nonprofit-Organisationen im Jahre 1997 bezahlte MitarbeiterInnen - ob als Hauptamtliche auf Voll- bzw. Teilzeitbasis oder als Nebenamtliche bzw. in einem vorübergehenden Arbeitsverhältnis.[50] – Unsere Ergebnisse lassen

---

[48] Wie schon einleitend bemerkt, bezieht sich die zentrale Fragestellung unserer Untersuchung ausschließlich auf das Thema Erwerbsarbeit. Um Missverständnisse auszuschließen und falschen Interpretationen - etwa dem Gedanken, bezahlte Arbeit durch „Bürgerarbeit" ersetzen zu wollen - vorzubeugen, wurde generell nicht nach der Anzahl der im „Dritten Sektor" freiwillig und unbezahlt Engagierten (der „Ehrenamtlichen") gefragt. Aktuelle Daten hierzu finden sich z.B. in Zimmer / Priller 1999.
[49] Zwölf der antwortenden NPOs (5%) machten zu den diesen Fragen keine Angaben.
[50] In absoluten Ziffern: 171 Organisationen hatten bezahltes Personal, 60 beschäftigten niemand. Die Untersuchung über den deutschen „Dritten Sektor" von Zimmer / Priller (1999: 60) weist einen Anteil von 67% der befragten Organisationen mit hauptamtlichem Personal nach.

den Eindruck aufkommen, dass im gesamten deutschen „Dritten Sektor" bei rund drei Viertel der NPOs erwerbstätige MitarbeiterInnen über einen Arbeitsplatz verfügen, d.h. dass ein ungewöhnlich hoher Anteil dieser Organisationen einen Arbeitgeberstatus aufweist. Diese Schlussfolgerung fällt jedoch allzu günstig aus, verglichen mit der Realität im gesamten „Dritten Sektor".[51] Mit dieser Einschränkung der Repräsentativität unserer Ergebnisse verbindet sich der Hinweis, dass bei ihrer Verallgemeinerung und Übertragbarkeit Vorsicht geboten ist. Da in der Stichprobe allerdings genügend NPOs ohne bezahltes Personal vertreten sind, lassen sich auch hierzu Aussagen treffen.

27. *Das Verhältnis von Vollzeit-, Teilzeit- und temporärer Beschäftigung*
Die Mehrzahl aller in unserer Analyse berücksichtigten Nonprofit-Beschäftigten arbeitet hauptamtlich auf Vollzeit-Stellen (54%). Bei einem weiteren, relativ hohen Beschäftigtenanteil von 21% handelt es sich um nebenamtliche und vorübergehend (temporär) Erwerbstätige. Auffallend ist auch das enorme Ausmaß der Teilzeitbeschäftigung; unter sämtlichen bezahlten NPO-MitarbeiterInnen betrug ihr Anteil rund 26%, das sind acht Prozentpunkte mehr als in der Gesamtwirtschaft (1998: 18%). Die spezifische Beschäftigungsstruktur im „Dritten Sektor" zeigt sich auch angesichts des durchschnittlichen quantitativen Verhältnisses der Beschäftigungsarten; pro Organisation zeigt der Medianwert die Erwerbstätigkeit von drei Vollzeit-, einem Teilzeit- und zwei nebenamtlich bzw. vorübergehend Beschäftigten an.[52] – Allgemein kann also davon ausgegangen werden, dass bei den NPOs, sofern sie Erwerbsarbeitsplätze aufweisen, nur die Hälfte des Personal auf Vollzeitstellen beschäftigt ist. Die andere Hälfte der MitarbeiterInnen arbeitet entweder im Rahmen nebenamtlicher bzw. vorübergehender Beschäftigungsverhältnisse oder hauptamtlich auf Teilzeitbasis, wobei die Quote sowohl der Teilzeit- als auch der nebenamtlich Beschäftigten im Vergleich zur Gesamtwirtschaft außergewöhnlich hoch ist.

---

[51] Wir haben Grund zu der Annahme, dass von denjenigen NPOs, die von uns angeschrieben und um eine Beantwortung des Fragebogens gebeten wurden, ein Teil derer nicht geantwortet hat, die ohne bezahlte MitarbeiterInnen auskommen (müssen). Es liegt auf der Hand, dass sich in Organisationen, die ausschließlich auf „ehrenamtlicher" Basis betrieben werden, oft niemand findet, der erstens Zeit hat, einen relativ umfangreichen Fragebogen auszufüllen, und der zweitens hinreichend motiviert ist, dem Thema „Erwerbsarbeit im Dritten Sektor" zumindest teilweise ein gewisses Interesse entgegenbringen. Letztere Hypothese kann an Hand der Fragebogen-Ergebnisse gestützt werden; so beantworteten die rein „ehrenamtlich" geführten Organisationen unsere Fragen nach ihren politischen Forderungen zur Schaffung von Arbeitsplätzen im „Dritten Sektor" erheblich seltener als diejenigen mit bezahltem Personal.

[52] Der Medianwert besagt, dass die Beschäftigtenzahlen bei der einen Hälfte der Organisationen darüber und bei der anderen Hälfte darunter liegen.

 # 28. Die Zahl der Erwerbstätigen als Indikator der Betriebsgrößen
Lediglich 18% der NPOs, die über bezahltes Personal verfügen, können als verhältnismäßig groß bezeichnet werden, da sie eine Beschäftigtenzahl von 51 bis über 200 Angestellten aufweisen. Bei weiteren 16% dieser Nonprofit-Organisationen sind zwischen 16 und 50 Personen erwerbstätig. Das Gros der Organisationen (58%) hat eine Betriebsgröße im Umfang von einem bis maximal 15 Beschäftigten. – Im „Dritten Sektor" weist die Mehrheit derjenigen NPOs, die überhaupt bezahltes Personal beschäftigen, eine kleine oder mittlere Betriebsgröße auf.[53]

 # 29. Die ungleiche Verteilung der Erwerbstätigen im „Dritten Sektor"
Die rund 9.000 Erwerbstätigen unseres Samples, das einen Ausschnitt der allgemeinen Beschäftigungssituation im „Dritten Sektor" wiedergibt, verteilen sich sehr unterschiedlich auf die untersuchten NPOs. 60% aller von uns ermittelten Erwerbstätigen (d.h. in absoluten Zahlen: 5.389 Personen) sind bezahlte MitarbeiterInnen von nur acht Organisationen (3,3%). Die betreffenden „Mammut-Organisationen" mit zum Großteil über 500 Angestellten[54] arbeiten in den Bereichen des Gesundheitswesens und der Beschäftigungsförderung. Vier davon sind in West- und vier in Ostdeutschland ansässig, woraus eine überproportionale Repräsentanz des Ost-Anteils dieser Großorganisationen resultiert. – Die Ergebnisse der Untersuchung machen deutlich, dass die NPO-Erwerbstätigen im „Dritten Sektor" auffallend ungleich verteilt sind. Der Grund dafür, dass eine kleine Anzahl von Organisationen extrem hohe Beschäftigtenzahlen nachweisen kann, sind vor allem die staatlichen Maßnahmen zur Beschäftigungsförderung. Diese spielen insbesondere in den ostdeutschen Bundesländern eine entscheidende Rolle (siehe 3.2.2.2; ## 41 bis 43).

3.1.2 Geschlechtsspezifische Aspekte der Arbeit im „Dritten Sektor"

 # 30. Zum Stellenwert der Frauenerwerbsarbeit im „Dritten Sektor"
Zwei von drei Erwerbstätigen im „Dritten Sektor" sind Frauen. Der hohe Frauenanteil (69% sämtlicher Beschäftigter) war in den Jahren 1995 und 1997 gleichbleibend und trifft im selben Umfang sowohl für Ostdeutschland als auch für die westlichen Bundesländer zu. – Die Erwerbsarbeit im „Dritten Sektor" ist überwiegend weiblich, was auch durch andere Untersuchungen des

---

53 Differenzierter betrachtet: Bei 6% ist nur ein/e bezahlte/r MitarbeiterIn beschäftigt, bei 22% sind es zwischen 2 und 5, bei 30% zwischen 6 und 15 Personen im Erwerbstätigenstatus. (Die Prozentwerte beziehen sich ausschließlich auf diejenigen Organisationen mit bezahlten Beschäftigten.)
54 Enthalten ist ein besonders hoher Extremwert mit über 1000 Beschäftigten (Arbeitsförderbetrieb in Ostdeutschland), der zwischen 1995 und 1997 zudem extreme Schwankungen aufweist. In den weiteren Analysen wird dieser Fall teilweise ausgeschlossen, worauf gesondert hingewiesen wird.

deutschen Nonprofit-Sektors bestätigt wird (vgl. Zimmer / Priller 1999: 65; Frauenanteil 65%). Diese Struktur hängt im Wesentlichen mit dem von weiblichen Beschäftigten geprägten Sozial- und Gesundheitswesen zusammen, das hinsichtlich der Erwerbsarbeit im deutschen „Dritten Sektor" dominiert.

 # 31. Die geschlechtsspezifische Prägung der Beschäftigtenstruktur
Frauen arbeiten im „Dritten Sektor" - wie in der gesamten beruflichen Arbeitswelt auch - häufiger auf Teilzeitbasis als Männer. 1997 war der Anteil teilzeitbeschäftigter Frauen in NPOs doppelt so hoch (31%) als bei den Männern (15%). Eine Vollzeitstelle hatten 60% der Männer, indes nur 50% der Frauen. Etwas anders zeigt sich die geschlechtsspezifische Gewichtung bei den nebenberuflich und vorübergehend Beschäftigten (Männer: 24%; Frauen: 19%). Letzteres mag u.a. daran liegen, dass Männer in denjenigen Arbeitsfeldern, wo hauptsächlich nebenamtliche Kräfte Beschäftigung finden, tätig sind (z.B. als Übungsleiter im Sportbereich). – Die Ergebnisse deuten darauf hin, dass die Beschäftigtenstruktur im deutschen „Dritten Sektor" in hohem Maße geschlechtsspezifisch geprägt ist. Dieser Befund wird durch den Vergleich der Ergebnisse aus den Jahren 1995 und 1997 noch unterstrichen (siehe # 34).[55]

3.2 Zur Entwicklung der Erwerbstätigkeit von 1995 bis 1997

3.2.1 Analyse der allgemeinen Vergleichsdaten

 # 32. Die quantitative Beschäftigungsentwicklung
Die Gesamtsumme der 1995 und 1997 erwerbstätig Beschäftigten im „Dritten Sektor" ist, unter Einbeziehung aller Fälle, einerseits nahezu unverändert geblieben (minus sechs Beschäftigte, entsprechend minus 0,07%). D.h., in unserer Stichprobe war *insgesamt* kein Zuwachs an Arbeitsplätzen zu verzeichnen. Andererseits kann - bei Ausschluss des größten Extremfalls (vgl. Fußnote 53) - ein geringfügiger Beschäftigungsanstieg um 3,8% konstatiert werden. Dieser etwas günstigere Befund wird durch die *fallweise* Betrachtung nicht widerlegt: Ein Drittel (34%) der Nonprofit-Organisationen wies steigende MitarbeiterInnenzahlen auf, während nur 17% Personalkürzungen verzeichneten. Bei rund der Hälfte der Arbeitgeber-NPOs (49%) stagnierte die Beschäftigtenzahl, d.h. die Zahl der dort beschäftigten Erwerbstätigen hat weder zu- noch abgenommen.

---

[55] Die Ergebnisse von Zimmer / Priller weisen die gleiche Tendenz auf (vgl. Zimmer / Priller 1999: 66).

 # 33. Die Veränderung der Personalstruktur
Die Zahl der Vollzeit-Erwerbstätigen ist im Zeitraum von 1995 bis 1997 *insgesamt* unverändert geblieben. Der (bei Nichtberücksichtigung des Extremwerts[56]) leichte Anstieg der Gesamtzahl der Beschäftigten verdankt sich ausschließlich einer Zunahme sowohl der Zahl der Teilzeitbeschäftigten (plus 6%) als insbesondere auch der Zahl von nebenamtlich und vorübergehend Tätigen (plus 11%). Wenn der bereits mehrfach erwähnte Extremwert berücksichtigt wird, kommt diese Veränderung der Personalstruktur des „Dritten Sektors" noch wesentlich deutlicher zum Vorschein: Die Zahl der Teilzeitbeschäftigten stieg um 43%, die der nebenamtlich und vorübergehend Erwerbstätigen um 11%, während bei den Vollzeitstellen ein Rückgang um 19% zu verzeichnen war. Auch bei der *fallweisen* Betrachtung zeigt sich, dass eher auf Vollzeitstellen verzichtet wird als auf die Stellen von Teilzeit- bzw. nebenamtlich und vorübergehend Beschäftigten. So war zwar eine Reduzierung der Vollzeit-Arbeitsplätze in 15% der Fälle zu verzeichnen, eine Verringerung der Teilzeitbeschäftigung aber nur bei 10% und ein Rückgang bei den nebenamtlich und vorübergehend Erwerbstätigen bei 9% der Fälle. Immerhin gab es auch eine Reihe von NPOs mit zunehmender Vollzeitbeschäftigtenzahl (25%), so dass die fallweise Betrachtung nicht ganz so negativ ausfällt.[57] – Feststellbar ist somit eine anteilsmäßige Veränderung und Flexibilisierung der Personalstruktur: weg von Vollzeit-Stellen hin zu Arbeitsplätzen für Teilzeit- und nebenamtlich bzw. vorübergehend Beschäftigte. Nach den Ergebnissen von Zimmer / Priller wird sich dieser Trend auch in der Zukunft fortsetzen.[58]

 # 34. Auswirkungen der Flexibilisierung auf die Frauenerwerbstätigkeit
Der Trend zur Flexibilisierung der Arbeit betraf in erster Linie die Frauen. In demselben, wenngleich geringen Ausmaß, in welchem die Zahl der männlichen Vollzeitbeschäftigten zunahm (plus 4%) und die der vorübergehend beschäftigten Männer zurückging (minus 3%), war es bei den weiblichen MitarbeiterInnen umgekehrt: Die Zahl der weiblichen Vollzeitbeschäftigten verminderte sich (minus 2%), während die Zahl der vorübergehend und nebenamtlich beschäftigten Frauen deutlich zunahm (plus 20%). Der Anstieg der Teilzeitbeschäftigten erhöhte sich bei Männern und Frauen, wobei auch hier die Frauen stärker betroffen waren (plus 7%; Männer: plus 3%).[59]

---

[56] Siehe Fußnote 53.
[57] Bei 19% der Arbeitgeber-NPOs nahm die Zahl Teilzeitbeschäftigten zu, und bei 23% der Organisationen gab es Zuwächse durch neue Nebenamtler/innen und vorübergehend Beschäftigte.
[58] Die Befragung von NPOs kommt zu dem Ergebnis, dass 40% der Untersuchten künftig eine veränderte Personalstruktur mit mehr Teilzeit- und irregulär Beschäftigten und weniger Vollzeitkräften erwarten. Vgl. Zimmer / Priller 1999: 69-70.
[59] Alle Werte unter Ausschluss des Extremwerts. Unter Einbeziehung desselben ist der Trend noch deutlicher erkennbar.

3.2.2 Spezifische Unterschiede innerhalb des „Dritten Sektors"

3.2.2.1 Varianzen hinsichtlich Rechtsform und Haupttätigkeitsfeld

 # 35. Rechtsform und Beschäftigungssituation
Bei *Vereinen* arbeiten proportional erheblich weniger bezahlte MitarbeiterInnen als bei anders verfassten Einheiten. Während es sich bei drei Viertel der NPOs unserer Stichprobe um Vereine handelt, beschäftigen diese nicht einmal die Hälfte des bezahlten Personals (44%). Hingegen sind die wenigen untersuchten *GmbHs* überproportional an der Beschäftigung beteiligt (19% des Personals, 4% der Stichprobe), ebenso wie die öffentlichen *Stiftungen* (vierfach höherer Anteil an der Beschäftigung als an der Stichprobe) und *Genossenschaften* (doppelter Anteil an der Beschäftigung). – Dieses Ergebnis erklärt sich aus den bereits angesprochenen unterschiedlichen Zwecken der Organisationstypen: Viele der so genannten „Idealvereine" sind hauptsächlich auf der Basis des „ehrenamtlichen" Engagements tätig, während GmbHs und Genossenschaften erklärtermaßen v.a. wirtschaftliche Ziele verfolgen. Da die öffentlichen Stiftungen unseres Samples hauptsächlich Einrichtungen im beschäftigungsintensiven Gesundheitssektor betreiben, ist der relativ hohe Anteil Erwerbstätiger bei ihnen ebenfalls leicht zu erklären.

 # 36. Legalstatus und Beschäftigtenstruktur
In Bezug auf die Zusammensetzung des Personals zeigen sich bei den einzelnen Rechtsformen gleichfalls Unterschiede: *Vereine* und *GmbHs* weisen einen höheren Grad irregulärer, flexibler Beschäftigungsverhältnisse auf als andere Rechtsformen; die Beschäftigtenstruktur bei *Stiftungen* zeichnet sich hauptsächlich durch Vollzeitstellen aus, wohingegen bei *Genossenschaften* Teilzeitbeschäftigung vorherrscht.

 # 37. Rechtsform und quantitative Beschäftigungsentwicklung
Unter den öffentlichen *Stiftungen* und den *Genossenschaften* finden sich Organisationen mit wachsender Beschäftigungsentwicklung erheblich häufiger als bei NPOs in anderer Rechtsform. Allerdings weist ein relativ hoher Anteil der öffentlichen Stiftungen auch Organisationen mit stagnierender Beschäftigungsentwicklung auf. Die geringsten Veränderungen sind bei den *Vereinen* festzustellen. Dagegen verzeichneten die *GmbHs* die größte Dynamik; die Anteile von Organisationen mit zunehmender, abnehmender und stagnierender Beschäftigtenzahl waren bei dieser Legalform ausgeglichen. Bei den GmbHs und den privaten Stiftungen fanden sich auch die meisten Organisationen mit rückläufiger Entwicklung.[60]

---

[60] Im einzelnen wurden folgende Prozentwerte ermittelt: Bei den *Genossenschaften* verzeichneten 50% der Organisationen Beschäftigungszuwachs, 20% einen Rückgang, 30% Stagnation; *Vereine*: Zuwachs 35%, Rückgang 15%, Stagnation 50%; *Private Stiftungen*: Zu-

 # 38. Die Beschäftigungssituation in den Haupttätigkeitsfeldern
Die Erwerbssituation in den Haupttätigkeitsfeldern stellte sich folgendermaßen dar: Der größte Anteil, nämlich 36% aller in unserer Studie ermittelten Erwerbstätigen, ist erwartungsgemäß im *Bereich des Sozialen* beschäftigt, gefolgt von den Einrichtungen des *Gesundheitswesens* (30%) und des *Bildungswesens* (24%). Im Unterschied dazu sind die bezahlten MitarbeiterInnen im Bereich von *Kultur und Freizeit* nur mit 7% und im Bereich *Interessenvertretung* nur mit 2% am gesamten Personal der Stichprobe beteiligt.[61] – Die Ergebnisse bedeuten in Bezug auf bezahltes Personal, dass die Organisationen des Gesundheitsbereichs stark über- und die Kultur/Freizeit- bzw. Interessenvertretungsorganisationen stark unterrepräsentiert sind. Innerhalb der beiden letztgenannten Gruppen zeigte sich, dass in einigen *Einzelfeldern* hauptsächlich „ehrenamtlich" und ohne bezahltes Personal gearbeitet wird: Organisationen aus den Aufgabenfeldern „Denkmalpflege / kulturelles Erbe", „Kommunikation / Medien", „Umweltschutz" und „Sport" kommen überwiegend (d.h. zu mehr als 50%) ohne bezahltes Personal aus. Auch jede zweite NPO in den Feldern „Bürgerrechte" sowie „Bauen und Wohnen" arbeitet ausschließlich auf „ehrenamtlicher" Basis. Relativ niedrige Medianwerte von 1,5 bezahlten Arbeitskräften erreichen ferner die Felder „Freizeit / Erholung" und „Internationale Solidarität". Auf sämtlichen der genannten einzelnen Tätigkeitsfelder dürfte künftig ein wachsender gesellschaftlicher Bedarf zu verzeichnen sein, der von „Ehrenamtlichen" alleine kaum befriedigt werden kann. Wir wagen deshalb die These, dass in diesen Tätigkeitsfeldern unter bestimmten Voraussetzungen (siehe dazu Kapitel II) die reale Chance gegeben ist, neue Arbeitsplätze zu schaffen und auf Dauer einzurichten.

 # 39. Die Beschäftigtenstruktur in den Haupttätigkeitsfeldern
In den Bereichen *Bildung und Erziehung* sowie *Kultur und Freizeit* spielen infolge der häufigen Anwendung von Honorar- und Werkverträgen die nebenamtlichen, vorübergehend Beschäftigten eine große Rolle. Der Bereich *Interessenvertretung* zeichnet sich hauptsächlich durch Vollzeitbeschäftigung aus. Insbesondere trifft dies auf jene NPOs zu, deren Haupttätigkeitsfeld der Umweltschutz ist. Der Teilzeitanteil ist hingegen in den Bereichen *Soziales* und *Gesundheit* vergleichsweise hoch.

 # 40. Die Entwicklung des Arbeitsvolumens in den Haupttätigkeitsfeldern
Bei der fallweisen Betrachtung der Entwicklungstrends zeigte sich, dass das Arbeitsvolumen im Bereich *Kultur und Freizeit* die wenigsten Veränderungen

---

[61] wachs 26%, Rückgang 32%, Stagnation 42%; *Öffentliche Stiftungen*: Zuwachs 43%, Rückgang 7%, Stagnation 50%; *GmbHs*: jeweils 33%.
Die sehr unterschiedliche Repräsentation der Tätigkeitsfelder an den Beschäftigtenzahlen wird deutlich beim Vergleich mit ihrem Anteil an der Stichprobe: Sozialwesen 32%, Gesundheit 10%, Bildung / Erziehung 17%, Kultur / Freizeit 29%, Interessenvertretung 11%.

aufweist, gefolgt von den NPOs im Bereich der *Interessenvertretung*, wo allerdings vergleichsweise häufig auch ein Wachstum der Beschäftigtenzahlen zu registrieren war. Der *Gesundheitsbereich* ließ ebenfalls viele Organisationen mit Beschäftigungswachstum und wenige mit einem Personalrückgang erkennen. Die Haupttätigkeitsfelder *Bildung* und *Soziales* wiesen einerseits die positivste Entwicklung auf, andererseits auch die größte Dynamik: Sowohl hohe Anteile mit wachsender, als auch solche mit rückläufiger Beschäftigungsentwicklung wurden sichtbar. Im Sozialbereich wurden die meisten NPOs mit rückläufigen Erwerbstätigenzahlen ausgemacht.[62] – Die Ergebnisse deuten darauf hin, dass der traditionell besonders beschäftigungsintensive Bereich des Sozialwesens zwischen 1995 und 1997 von Arbeitsplatzverlusten bedroht war. Es kann auch nicht ausgeschlossen werden, dass sich diese Entwicklung wegen der großen Budgetabhängigkeit vom Staat (siehe # 17) weiterhin fortsetzt. NPOs der Bereiche „Kultur / Freizeit" und „Interessenvertretung" scheinen sich bisher noch in einem beschäftigungspolitischen „Dornröschenschlaf" zu befinden. Es spricht einiges für die These, dass in diesen Tätigkeitsfeldern unter bestimmten (politischen) Umständen mehr Arbeitsplätze angeboten werden könnten.[63]

3.2.2.2 Unterschiede zwischen ost- und westdeutschen Bundesländern

Die Beschäftigungssituation im „Dritten Sektor" lässt deutliche Ost-West-Unterschiede erkennen. Die problematische Wirtschaftslage in den neuen Bundesländern hat dort zu einer erheblich höheren Arbeitslosigkeit als in Westdeutschland geführt. Die als Reaktion darauf zu verstehenden Maßnahmen der aktiven Arbeitsmarktpolitik wirkten sich u.a. auch auf den dort weitgehend neu geschaffenen „Dritten Sektor" aus.

 # 41. Ost-West-Unterschiede hinsichtlich des Arbeitgeberstatus von NPOs
Bei den in unserer Stichprobe erfassten ostdeutschen NPOs ist der Anteil derjenigen, die über bezahltes Personal verfügen, höher (82%) als dies bei den Organisationen in den westdeutschen Bundesländern der Fall ist (71%). – Zur Erklärung dieses Unterschieds ist auf die unterschiedliche Struktur und Aufgabenstellung des ostdeutschen Nonprofit-Sektors hinzuweisen: Einerseits existieren dort weniger traditionelle, freiwillige NPOs, und andererseits ist im „Dritten Sektor Ost" der Anteil solcher NPO-Betriebe und -Einrichtungen höher, die im Rahmen von Maßnahmen zur Arbeitsförderung tätig werden. Da die Beschäftigungssituation in Ostdeutschland stärker durch die so genannte

---

[62] Die Prozentwerte im einzelnen: *Kultur/Freizeit*: Zuwachs 15%, Rückgang 10%, Stagnation 74%. *Interessenvertretung*: Zuwachs 33%, Rückgang 11%, Stagnation 56%. *Gesundheit*: Zuwachs 42%, Rückgang 13%, Stagnation 46%. *Bildung*: Zuwachs 49%, Rückgang 24%, Stagnation 27%. *Soziale Dienstleistungen*: Zuwachs 44%, Rückgang 25%, Stagnation 31%.
[63] Vgl. dazu auch die Schlussfolgerungen unter # 38.

aktive Arbeitsmarktpolitik geprägt ist als in Westdeutschland, ist sie auch wesentlich anfälliger für die Auswirkungen von entsprechenden Gesetzesänderungen und für die starken Schwankungen bei der Vergabe der Fördermittel in diesem Bereich. Klar erkennbar wird dieser Zusammenhang angesichts der Tatsache, dass 1997 in den neuen Ländern mehr als die Hälfte (54%) der hauptamtlichen, bezahlten NPO-Beschäftigten (Voll- und Teilzeit) auf der Basis der Arbeitsförderungsprogramme finanziert wurden, während dies in den westdeutschen Bundesländern nur bei knapp einem Viertel der Arbeitsplätze (24%) der Fall war.

 # 42. Ost-West-Unterschiede in der Dynamik des NPO-Arbeitsmarkts
Aus der rückläufigen Entwicklung der Arbeitsfördermaßnahmen in Ostdeutschland erklären sich auch die Unterschiede hinsichtlich der allgemeinen Beschäftigungstrends. In den ostdeutschen NPOs verringerte sich die Gesamtbeschäftigtenzahl zwischen 1995 und 1997 um 5%[64], während sie in den westdeutschen um 9% zunahm. Analog dazu war die Anzahl der durch Arbeitsfördermaßnahmen finanzierten MitarbeiterInnen in den ostdeutschen Nonprofit-Organisationen um 25% rückläufig, während sie in den westdeutschen um 41% anstieg. Die fallweise Betrachtung zeigt ferner, dass bei den ostdeutschen Organisationen insgesamt eine dynamischere Entwicklung stattgefunden hat als bei den westdeutschen. Einerseits war der Anteil von Ost-NPOs mit sinkender Arbeitnehmerzahl höher (28%) als im Westen (13%), andererseits war das Beschäftigungswachstum im Osten mit 36% etwas höher als im Westen (34%).

 # 43. Ost-West-Abweichungen der Beschäftigtenstruktur
1995 überwog in den ostdeutschen Nonprofit-Organisationen der Anteil der Vollzeitbeschäftigten (67% gegenüber 48% im Westen). Der Anteil nebenamtlicher MitarbeiterInnen war gering (9% gegenüber 26% im Westen). 1997 zeichnete sich bei den Ost-NPOs ein gewisser, wenn auch nicht durchschlagender Prozess in Richtung Flexibilisierung der Arbeitsverhältnisse ab. Die Teilzeitarbeit nahm etwas zu (von einem 24%-Anteil auf 27%), während die Vollzeitarbeit rückläufig war (von 67% auf 64%).[65] Der niedrige Anteil nebenamtlicher Beschäftigter stagnierte weiterhin. – Auch diese Unterschiede können auf die unterschiedliche Struktur des „Dritten Sektors" in Ost und West zurückgeführt werden.

---

[64] Das Ergebnis lässt die Extremwerte außer Acht. Bei ihrer Berücksichtigung ergibt sich in Ostdeutschland ein deutlicherer Rückgang der Personalstellen um minus 11% Prozent.
[65] Auch bei diesen Angaben sind die ostdeutschen Extremwerte nicht berücksichtigt. Bezieht man sie jedoch ein, beziffert sich die Zunahme der Teilzeitbeschäftigung auf 41% und der Rückgang der Vollzeitbeschäftigung auf 52%.

 # 44. Geschlechtsspezifische Varianzen im Ost-West-Verhältnis
Unter den NPO-Erwerbstätigen ist der Frauenanteil in Ost und West generell zwar gleich (jeweils 69%). Unterschiede zeigen sich aber bei den Anteilen der Vollzeit- und der Teilzeitbeschäftigten. Bei den Ost-NPOs sind Männer häufiger teilzeitbeschäftigt und weniger nebenamtlich tätig als bei den westdeutschen.[66] – Unsere Ergebnisse zeigen hinsichtlich der Entwicklung der Beschäftigtenstruktur, dass der oben beschriebene Trend „weiblicher Flexibilisierung" und „männlicher Vollzeitarbeit" (siehe ## 31 und 34) in beiden Teilen der Bundesrepublik zutrifft. D.h. auch in Ostdeutschland hat sich der Anteil männlicher Vollzeit-Beschäftigter erhöht und der der weiblichen verringert, während bei der Teilzeitarbeit umgekehrt der Frauenanteil zu- und der Männeranteil abgenommen hat.

3.2.2.3 Der Zusammenhang zwischen Beschäftigung und Budget

Es ist zunächst nicht überraschend, dass statistisch nachweisbar zwischen der Budgethöhe[67] und der bezahlten Beschäftigung ein starker linearer Zusammenhang besteht. Im Folgenden ergeben sich aus der Analyse weitere aufschlussreiche Details über bestimmte Strukturbesonderheiten des deutschen „Dritten Sektors".

 # 45. Das Verhältnis zwischen Erwerbsarbeitsplätzen und der Etathöhe
NPOs mit geringen finanziellen Mitteln (bis zu DM 62.500) beschäftigen in den meisten Fällen (84%) keine bezahlten MitarbeiterInnen. Einrichtungen mit einem Etat mittlerer Größe (zwischen DM 62.500 bis zu DM 500.000) sind zur Hälfte Kleinbetriebe mit einer bis zu fünf MitarbeiterInnen, und weitere 28% dieser Größenklasse beschäftigen bis zu 15 Angestellte. In der dritten Budgetklasse (zwischen DM 500.000 und 3 Mio) beträgt die Zahl der Erwerbstätigen bei der Hälfte der betreffenden NPOs sechs bis 15 Personen, bei einem weiteren Viertel liegt sie bei 16 bis 50 Angestellten. In der obersten Budgetklasse (DM 3 Mio bis über DM 10 Mio) beschäftigt jede zweite NPO 51 bis 200 MitarbeiterInnen und jede vierte hat mehr als 200 unter Vertrag.

 # 46. Das Verhältnis zwischen der Zahl der Vollzeitkräfte und dem Budget
Um die statistischen Zusammenhänge hinsichtlich der Struktur der Beschäftigten deutlicher herauszuarbeiten, wurden die Budgetklassen in zwei Hauptgruppen zusammengefasst: in die der „armen" und die der „reichen" NPOs[68].

---

[66] Die konkreten Werte (1997): Teilzeitanteil der Männer 27% in Ost gegenüber 13% in West. Nebenamtlichen-Anteil der Männer in Ost 28%, in West 37%.
[67] Die im Fragebogen enthaltenen 10 Größenklassen der Budgets (von unter DM 12.500 bis über DM 10 Mio) wurden zur Vereinfachung in 4 Klassen zusammengefasst. Die Trennlinien wurden durch statistische Werte ermittelt (Median) und werden im folgenden jeweils genannt. - Alle Werte beziehen sich auf die Angaben für das Jahr 1997.
[68] Die Trennlinie zwischen „arm" und „reich" - hier zu verstehen als statistische Größen-

Dabei zeigte sich u.a.[69], dass über 90% derjenigen Organisationen ohne jede Vollzeitkraft zu den „armen" NPOs (unter DM 62.500 bis DM 500.000) zählen. Ferner gehören 80% der NPOs mit nur einer Vollzeitstelle ebenfalls zur Gruppe der „armen". Bei denjenigen Organisationen, die mehr als fünf Vollzeitkräfte beschäftigen, handelt es sich fast ausschließlich um die „reichen". Nonprofit-Organisationen mit zwei bis fünf Vollzeitkräften verteilen sich etwa zu gleichen Teilen auf die Klasse der „armen" und der „reichen".

 # 47. Das Verhältnis zwischen anderen Beschäftigungsformen und Budget
Durchschnittlich konnten bei den „armen" NPOs gerade einmal eine Teilzeitkraft und 1,6 temporär Beschäftigte ermittelt werden.[70] Im Einzelfall sind jedoch nur bei jeder zweiten der „armen" Organisationen Teilzeit- bzw. nebenamtliche MitarbeiterInnen beschäftigt.[71] Hingegen weist die Hälfte der „reichen" NPOs mindestens drei Teilzeit- und zwei nebenamtliche MitarbeiterInnen auf. Die Durchschnittswerte liegen hier sogar bei 31 Teilzeitkräften und 17 Nebenamtlichen.[72]

 # 48. Zusammenhänge zwischen Beschäftigungsentwicklung und Budget
Unter den Nonprofit-Organisationen mit wachsender Beschäftigung waren die „reichen" klar in der Mehrheit (66%). Bei ihnen war hinsichtlich entlohnter Beschäftigungsverhältnisse generell eine größere Dynamik zu verzeichnen als bei den „armen". Zu letzteren[73] gehörten 85% derjenigen NPOs, bei denen zwischen 1995 und 1997 weder eine positive noch eine negative Veränderung der Zahl ihrer Beschäftigten zu beobachten war. Wo die Beschäftigtenzahlen rückläufig waren, handelte es sich pari-pari um Organisationen der beiden Budgetgruppen. – Wir schließen aus diesen Ergebnissen, dass sich - zumindest retrospektiv betrachtet - die „reichen", mit größeren finanziellen Ressourcen ausgestatteten NPOs eindeutig auf einem Wachstumskurs befinden. Im Gegensatz dazu verfügen die „armen" NPOs mit niedrigem Budget nicht nur über erheblich weniger bezahltes Personal, sondern sie haben offenbar auch geringere Chancen (oder sie entwickeln auch nicht den Wunsch), ihre Situation in Richtung Expansion und Wachstum zu verändern. Dafür dürfte es eine Vielzahl von Gründen geben. Einerseits bevorzugen es viele der „armen" NPOs, weiterhin auf strikt „ehrenamtlicher" Basis zu arbeiten; sie entwickeln

---

[69] ordnungen - wurde durch die Berechnung des Medianwerts ermittelt. Die genauen statistischen Werte sind in der englischsprachigen Database enthalten.
[70] Arithmetischer Mittelwert.
[71] Die sehr niedrigen Zahlen von Teilzeit- und temporär Beschäftigten in der Klasse der „armen" Organisationen sind interpretationsbedürftig. Es scheint, dass sich diese NPOs kein bezahltes Personal leisten können - oder wollen! - , auch wenn es verhältnismäßig geringe Kosten verursachen würde.
[72] Arithmetischer Mittelwert.
[73] Bezogen auf die beiden Klassen handelt es sich hier um NPOs mit einem Etat in der Größenordnung bis zu DM 500.000.

daher gar nicht die Idee, bezahltes Personal einzustellen - egal, mit welcher Stundenzahl und in welchem Beschäftigungsverhältnis. Andererseits existieren mit Sicherheit auch solche Organisationen, die einige ihrer freiwilligen MitarbeiterInnen gerne für deren Arbeitsleistungen bezahlen würden, wenn ihr Budget dies zuließe. Allerdings bedarf es eines größeren zeitlichen Aufwands und professioneller Kenntnisse, um die finanzielle Basis z.B. eines Vereins maßgeblich zu erhöhen. Da diese Kenntnisse in der Regel nicht vorhanden sind und der erhöhte Aufwand oft nicht erbracht werden kann, bleiben die „armen" NPOs gezwungenermaßen unterkapitalisiert. Sie kommen deshalb als potenzielle Arbeitgeber nicht in Frage.

49. Verhältnis zwischen Haupteinkommensquelle und Beschäftigtenzahl

Mit einem arithmetischen Mittelwert von 64 bezahlten MitarbeiterInnen je Organisation weisen die von *staatlichen Zuwendungen* abhängigen NPOs[74] durchschnittlich die meisten bezahlten Beschäftigten auf. An zweiter Stelle folgen mit durchschnittlich 40 Erwerbstätigen diejenigen Nonprofit-Organisationen, die wegen ihres hohen Anteils selbst erwirtschafteter Einkommen *marktabhängig* sind. Ein Mittelwert von 26 entlohnten Angestellten findet sich bei den *relativ unabhängigen* NPOs, bei denen keine der Ressourcen anteilsmäßig die anderen um 30 Prozentpunkte übersteigt. Die von *privaten Zuwendungen* abhängigen NPOs bilden mit durchschnittlich fünf Beschäftigten das Schlusslicht. – Die Ergebnisse beleuchten einen Zusammenhang, der von uns auch an anderer Stelle (siehe 2.2) bereits beschrieben wurde und knapp zusammen gefasst Folgendes besagt: Im deutschen „Dritten Sektor" finanzieren sich Organisationen mit bezahlten MitarbeiterInnen (und hohen Budgets) hauptsächlich aus öffentlichen Mitteln, während NPOs ohne bezahltes Personal (und mit niedrigem Etat) hauptsächlich auf private Zuwendungen angewiesen sind. „Professionelle" Nonprofit-Organisationen (mit bezahltem Personal) sind in der Lage, mehrere unterschiedliche Einnahmequellen zu nutzen, während rein „ehrenamtlich" tätige Vereine sich zu 60% aus Mitgliedsbeiträgen und zu 21% aus privaten Spenden finanzieren.

50. Ressourcenabhängigkeit und Entwicklungstrends

NPOs, bei denen sich eine relative Abhängigkeit von *staatlichen Zuwendungen* beobachten lässt, zeigten hinsichtlich ihrer Beschäftigtenzahlen eine weitaus dynamischere Entwicklung als die anderen. 57% der Organisationen mit relativer Abhängigkeit vom Staat wiesen im Zeitraum von 1995 bis 1997 eine wachsende Beschäftigtenzahl auf.[75] Unter den marktabhängigen Organi-

---

[74] Eine „relative Abhängigkeit" vom Staat liegt vor, wenn der Anteil öffentlicher Mittel am Budget den Anteil aller anderen Einnahmequellen um mindestens 30 Prozentpunkte übersteigt. (Zur Definition siehe # 15.)

[75] Eine rückläufige Entwicklung bzw. stagnierende Zahlen verzeichneten jeweils rund ein Fünftel der vom Staat abhängigen NPOs.

sationen waren 43% auf Wachstumskurs, während gut ein Drittel dieses NPO-Typs stabil blieb. Die unabhängigen Organisationen mit relativ ausgeglichenen Ressourcenanteilen stagnierten zum Großteil (48%), doch wies nahezu ein Drittel auch steigende Beschäftigtenzahlen auf. Hingegen verzeichneten 82% der von privaten Zuwendungen abhängigen Nonprofit-Organisationen keinerlei Veränderungen. – Angesichts der schon erwähnten Zusammenhänge zwischen Budgethöhe, Zusammensetzung der Einkommen sowie Beschäftigtenzahl sind diese Ergebnisse folgerichtig.

3.3 Interne Personalpolitik, Qualifikationsbedarf, Mitbestimmung

3.3.1 Die Erwerbstätigen im „Dritten Sektor"

51. Das Alter der MitarbeiterInnen

Die häufigste Altersgruppe der NPO-MitarbeiterInnen sind die 31- bis 40-Jährigen (38%).[76] 17% des Personals sind jünger als 31 Jahre, 18% älter als 50 Jahre. In der jüngsten Altersgruppe (bis 20 Jahre) und in der ältesten (über 65) sind mit einem Anteil von jeweils 1% die wenigsten der bezahlten MitarbeiterInnen vertreten. – Für den „Dritten Sektor" ergibt sich aus unserer Stichprobe insgesamt ein Altersdurchschnitt, der etwas niedriger liegt als bei der Gesamtheit der Erwerbsbevölkerung in der Bundesrepublik.

52. Formen der Rekrutierung neuer MitarbeiterInnen

Die Ergebnisse unserer Befragung[77] zeigen eindeutig, dass am häufigsten die informellen Wege der Personalrekrutierung eingeschlagen werden: Über die Hälfte (56%) der Mehrfachantworten entfielen auf die Kategorien *„persönliche Kontakte"* und *„Berücksichtigung bereits in der Organisation Aktiver"*. Nur 40% der Antworten erwähnten auch formale Rekrutierungswege wie *„öffentliche Stellenanzeigen"* oder *„Arbeitsamt / Arbeitsvermittlung"*. Obwohl die meisten Organisationen (70%) gleichzeitig mehrere Suchstrategien wählen, fällt auf, dass diejenigen, die formale Rekrutierungsmethoden nannten, häufig gleichzeitig auch informelle Formen nutzen (28%-38%). Umgekehrt wählten nur zwischen 20% und 27% der „Informellen" zugleich formelle Wege der Personalfindung. – Hinsichtlich der Gewinnung neuer MitarbeiterInnen lassen sich im „Dritten Sektor" zwei Typen von Personalpolitik unterscheiden: der stärker nach außen gerichtete, offene Typ, und der bezüglich

---

[76] Die Prozentwerte sind Durchschnitte (arithmetische Mittelwerte) der von den Befragten genannten Daten.
[77] Wir baten um Auskunft, welche Formen der Rekrutierung am häufigsten genutzt werden, um neue bezahlte MitarbeiterInnen zu gewinnen. Vorgegeben waren fünf Möglichkeiten, aus denen mehrere ausgewählt werden konnten, sowie eine offene Antwort („andere Formen").

der Personalauswahl stärker nach innen orientierte Typ. Letzterer war in unserem Sample stärker vertreten als der „außenorientierte" Typ. Über die spezifischen Gründe für die beiden unterschiedlichen Muster der Personalauswahl geben die Daten unserer Befragung keine Auskunft. Wir nehmen allerdings an, dass mehrere Aspekte eine Rolle spielen.

➢ Nahe liegend erscheint zunächst ein Zusammenhang zwischen Binnenorientierung und dem Alter einer Organisation: Sofern sich diese noch im Aufbau befindet, könnte sie bei neuen bezahlten Stellen stärker auf ihre bis dahin unbezahlt tätigen Gründungsmitglieder zurückgreifen, während etablierte Einrichtungen möglicherweise stärker darauf achten, neue MitarbeiterInnen von außen hereinzuholen.[78]

➢ Die Tatsache, dass sich in den NPOs unbezahlte Kräfte („Ehrenamtliche") engagieren, kann bei der Personalauswahl ebenfalls eine Rolle spielen: Es kann davon ausgegangen werden, dass unbezahlte Aktive auf bezahlte Stellen wechseln, sobald deren Finanzierung möglich ist. Auch die in Nonprofit-Organisationen anzutreffende „Rotation" - von freiwilliger Mitarbeit über ABM hin zu einer regulär bezahlten Beschäftigung - dürfte die informelle Rekrutierungspraxis begünstigen.[79]

➢ Die informelle Einstellungspraxis kann schließlich auch kritisch als Ausdruck einer „closed shop"-Mentalität interpretiert werden: Von außerhalb Kommende - „Leute ohne Stallgeruch" - hätten demnach, unabhängig von ihrer fachlichen Qualifikation, geringere Chancen auf einen Erwerbsarbeitsplatz im „Dritten Sektor" als die verdienten „Ehrenamtlichen" oder solche mit guten Kontakten zum Vereinsvorstand, dem „richtigen" Parteibuch oder der „richtigen" Konfession.

53. Fachkenntnisse und Qualifikationserfordernisse des Personals

Hinsichtlich der vorhandenen und der fehlenden Fachkenntnisse ergeben unsere Daten kein einheitliches Bild. Als „vorhanden" bezeichneten die Befragten einerseits mehrheitlich Kenntnisse in den Bereichen *Verwaltung / Buchhaltung* (77% der Stichprobe), *Geschäftsführung* (68%), *Öffentlichkeitsarbeit* (63%) sowie in ihrem jeweils *spezifischen Tätigkeitsbereich* (65%). Andererseits gibt es in geringerem Umfang auch eine Reihe von NPOs, die auf den genannten Gebieten einen Qualifizierungsbedarf anmelden bzw. einen Mangel an professioneller Unterstützung sehen; auf die Frage nach *zusätzlichen Bedarfen* nannten jeweils 27% den Bereich *Geschäftsführung* und *fachliche Qualifikationen im Tätigkeitsbereich*. Von den Fachkenntnissen, deren Vorhandensein am seltensten erwähnt wurde - nämlich Mitteleinwerbung („*u.a. Fundraising*") sowie die *Werbung / Betreuung freiwilli-*

---

[78] Aus der Analyse der Gründungsdaten konnten wir einen entsprechenden Zusammenhang allerdings nicht verifizieren.
[79] Vgl. zu diesem Rotationsmuster besonders in ostdeutschen ABM-Projekten Kramer et al. 1998, sowie exemplarisch für Frauenprojekte Betzelt / Coors 1994.

ger MitarbeiterInnen (26% bzw. 28% der Stichprobe), wurde letzteres interessanterweise von der Mehrheit der Befragten nicht als zusätzlich notwendige Qualifikation eingestuft; nur 28% kreuzten diese Kategorie als zusätzlichen Bedarf an. Relativ hohe Nennungen für zusätzlich erforderliche Fachkenntnisse erhielten hingegen die Bereiche *Mitteleinwerbung* (43%) und *Öffentlichkeitsarbeit* (38%) sowie *Interessenvertretung / Lobbyarbeit* (34%). Am seltensten tauchten als zusätzlich notwendige Qualifikationen das *Personalmanagement* (19%), die *Mitgliederbetreuung* sowie *Verwaltung / Buchhaltung* (je 21%) auf. – Unseren Ergebnissen zu Folge werden zusätzliche Bedarfe der NPOs eher in ihrem Außenverhältnis (sprich: auf den Gebieten der Mitteleinwerbung und der Öffentlichkeitsarbeit) gesehen als intern (sprich: auf den Gebieten des Personalmanagements, der Mitgliederbetreuung sowie der Werbung und Betreuung Freiwilliger). Die Betonung der nach Außen gerichteten Qualifikationen dürfte mit der wachsenden Konkurrenz um öffentliche (und private) Mittel zusammenhängen, welche zur (weiteren) Professionalisierung dieser Bereiche zwingt. Ob allerdings der geringere Bedarf an Fachkenntnissen, die v.a. organisationsintern hoch bedeutsam sind, entweder einem tatsächlich vorhandenen hohen Qualifikationsniveau entspricht oder auf einer fatalen Fehleinschätzung beruht, kann hier nicht entschieden werden. Jedenfalls deutet sich angesichts unserer Befunde die Gefahr an, dass die Nonprofit-Organisationen aufgrund knapper werdender finanzieller Ressourcen ihre Aufmerksamkeit insbesondere nach Außen richten und dabei die gleichermaßen wichtigen Belange sowohl ihrer bezahlten und freiwilligen MitarbeiterInnen als auch ihrer Mitglieder vernachlässigen.

 # 54. Berufliche Fort- und Weiterbildungsmöglichkeiten
Die Frage, ob sie „eigene interne berufliche Fort- und Weiterbildungsmöglichkeiten" anbieten, wurde von 37% aller NPOs bejaht. Bezogen auf diejenigen Organisationen, die bezahltes Personal beschäftigen, berichten 40% von eigenen internen Qualifizierungsmaßnahmen.[80] Hinsichtlich der Zielgruppen zeigte sich eine klare Hierarchie: Am häufigsten wird berufliche Fort- und Weiterbildung den regulären, bezahlten MitarbeiterInnen geboten, an zweiter Stelle den nebenamtlichen und vorübergehend Beschäftigten, an dritter den Freiwilligen. Die mehrfachen Antworten und verschiedenen Kombinationsmöglichkeiten verteilen sich folgendermaßen:[81]

---

[80] Das Resultat, dass erheblich weniger als die Hälfte derjenigen NPOs, die MitarbeiterInnen beschäftigen, denselben Fort- und Weiterbildungsmöglichkeiten anbieten, muss insofern relativiert werden, als durch die Formulierung der Frage (nach „eigenen internen ... - Möglichkeiten") diejenige Qualifizierungsform ausgeschlossen wurde, die bei NPOs üblich ist; im Allgemeinen können es sich gerade kleinere Organisationen nicht leisten, ein eigenes internes Fort- und Weiterbildungsangebot für ihre MitarbeiterInnen zu entwickeln, sondern vielfach werden externe Angebote anderer Bildungsträger wahrgenommen.
[81] Die Prozentwerte beziehen sich im Folgenden nur auf die Gruppe derjenigen NPOs, die eigene Fort- und Weiterbildungsangebote aufweisen.

➢ Ein knappes Drittel (31%) gibt ausschließlich die *regulären* MitarbeiterInnen als Zielgruppe an. In Kombination mit den vorübergehend Beschäftigten oder mit unbezahlten MitarbeiterInnen tauchen die „regulären" in 60% der Antworten auf.
➢ Jeweils ein Fünftel der Organisationen bietet Qualifizierungsmaßnahmen an, die sich entweder an alle Beschäftigtengruppen wenden oder nur an die regulären ArbeitnehmerInnen bzw. nur an die vorübergehend Beschäftigten.
➢ Die *vorübergehend* Beschäftigten werden – in Kombination mit anderen MitarbeiterInnen oder für sich allein – von 31% als Zielgruppe angegeben.
➢ Die Gruppe der *unbezahlten* MitarbeiterInnen wird – in Kombination mit anderen Beschäftigten oder für sich allein – in 19% der Fälle genannt.

55. Betriebsgröße und Qualifizierungsangebote
Erwartungsgemäß besteht ein Zusammenhang zwischen eigenen Qualifizierungsangeboten einer NPO und ihrer Betriebsgröße. Einrichtungen mit mehr als 50 Beschäftigten bieten diesen mehrheitlich (63%) eigene interne Fort- und Weiterbildungsmöglichkeiten an.[82]

56. Qualifizierungsangebote in den einzelnen Tätigkeitsfeldern
Die Hierarchie hinsichtlich der Zielgruppen (siehe # 54) betrifft NPOs in sämtlichen Haupttätigkeitsfeldern; die geringe Nennung Nebenamtlicher, vorübergehend Beschäftigter und Freiwilliger findet sich fast unterschiedslos im gesamten „Dritten Sektor". Selbst unter der Einschränkung, dass nicht alle nebenamtlichen und unbezahlten Kräfte das Interesse an einer Weiterbildung aufbringen und diese in manchen Tätigkeitsfeldern sicher auch weniger erforderlich ist als in anderen, erscheint die Vernachlässigung dieser Zielgruppen als eklatant. Angesichts der hohen Verantwortung, die seitens der vorübergehend Beschäftigten und der „Ehrenamtlichen" in den Nonprofit-Einrichtungen (besonders des Sozial-, Gesundheits- und Bildungswesens) wahrgenommen wird, sollte diese Zielgruppe bei den Weiterbildungsangeboten stärker berücksichtigt werden.

3.3.2 Möglichkeiten der Mitbestimmung und Partizipation

57. Vorhandene Formen der Beteiligung im „Dritten Sektor"
Die im „Dritten Sektor" praktizierten Formen der internen Mitbestimmung und Partizipation[83] beschränken sich im wesentlichen auf die satzungsmäßig

---

[82] Bei NPOs in der Größenordnung von 6 bis 50 Beschäftigten halten sich diejenigen mit und die ohne eigene Angebote in etwa die Waage. Von den kleinen Einheiten mit bis zu maximal fünf Beschäftigten bieten nur sehr wenige (10%) Qualifizierungsmöglichkeiten an.
[83] Als Personengruppen, hinsichtlich derer wir von einem Anspruch bzw. Interesse auf Mitbe-

bzw. gesetzlich vorgeschriebene *Mitglieder- bzw. Gesellschafterversammlung* sowie auf die für den Arbeitsablauf notwendigen *Teambesprechungen.* Diese beiden Kategorien wurden von der großen Mehrheit der befragten Nonprofit-Organisationen genannt (85% bzw. 73%).[84] Alle übrigen Formen - *Betriebsversammlung / Mitarbeitervertretung, Rückmeldungen der NutzerInnen, Mitbestimmungsmöglichkeiten für Freiwillige, Mitsprachemöglichkeiten für Förderer und SpenderInnen* - sind von untergeordneter Bedeutung. Sie wurden durchschnittlich nur von 21% der Respondenten angekreuzt. Diesen Wert erreichte auch die Kategorie „Feedback von NutzerInnen", während die Mitbestimmungsmöglichkeiten für Freiwillige (19%) sowie für Förderer und SpenderInnen (18%) am seltensten genannt wurden.

58. Geplante Partizipationsformen
Auf die Frage nach geplanten neuen Partizipationsmöglichkeiten antworteten nur 14% positiv. Genannt wurden v.a. drei Formen: das *Feedback von NutzerInnen* (5%), die *Betriebsversammlung / Mitarbeitervertretung* (4%) sowie die *Mitsprache von Förderern* (ebenfalls 4%). – Dieses Ergebnis lässt deutlich einen Nachholbedarf des „Dritten Sektors" erkennen - und zwar sowohl in Bezug auf Fragen der modernen Organisationsentwicklung als auch hinsichtlich der „Kundenorientierung" ihres Angebots von Dienstleistungen und Produkten.[85]

*

Schlussbemerkung: Resultierend aus den Ergebnissen der schriftlichen Befragung und ihrer Auswertung stellt der vorausgehende Teil I eine allgemeine Bestandsaufnahme des deutschen „Dritten Sektors" dar: seiner Struktur, der Einnahmen und Ausgaben der NPOs sowie der Erwerbsarbeit im Rahmen der bisherigen Personalentwicklung. Der folgende Teil II thematisiert auf der Basis sowohl der schriftlichen Befragungsdaten als auch der Ergebnisse zusätzlich durchgeführter Experteninterviews, welche realen Beschäftigungsperspektiven sich aus bestimmten Schlüsselfaktoren für die Zukunft ableiten lassen und von welchen Voraussetzungen es abhängt, damit der „Dritte Sektor" in der Lage ist, einen wesentlichen Beitrag zum Abbau der Massenarbeitslosigkeit in Deutschland zu leisten.

---

stimmung und Partizipation ausgehen, betrachten wir die Mitglieder der NPO, die verschiedenen Gruppen der MitarbeiterInnen, die Freiwilligen, die NutzerInnen und die Förderer.

[84] Die Prozentwerte beziehen sich auf die gültigen Antworten (ohne fehlende Antworten, die 8% der Stichprobe ausmachten).

[85] Dass die seit etlichen Jahren im Sozialbereich anzutreffenden Modelle der Qualitätssicherung meist wenig mit Nutzerorientierung und Partizipation zu tun haben, ist in der sozialwissenschaftlichen Diskussion bekannt (vgl. Hansen 1998 sowie weitere Beiträge in „Sozial Extra" Nr. 3/1998, Bauer 1996, Institut für Lokale Sozialpolitik und Nonprofit-Organisationen 1998).

Kapitel II. Beschäftigungsperspektiven: Schlüsselfaktoren und Optionen

1. Schlüsselfaktoren für die Entstehung von Erwerbsarbeitsplätzen

1.1 Zusammenfassung der Ergebnisse des Fragebogens

Die auf der Basis der schriftlichen Befragung gewonnenen Ergebnisse lassen erkennen, dass die Erwerbsbeschäftigung bei Nonprofit-Organisationen im deutschen „Dritten Sektor" im Wesentlichen durch die folgenden vier Schlüsselfaktoren quantitativ beeinflusst wird:

a) die Rechtsform der Organisation,
b) das Haupttätigkeitsfeld,
c) die Höhe des Budgets sowie
d) die Zusammensetzung des Budgets.

Die hinsichtlich dieser Einflussfaktoren im vorangehenden Kapitel I dargestellten Ergebnisse werden nachfolgend komprimiert wiedergegeben und mit hypothetischen Interpretationen verknüpft.

 # 59. Die Rechtsform der Nonprofit-Organisationen als Schlüsselfaktor
In Nonprofit-Organisationen unter vereinsrechtlicher Trägerschaft sind weniger Erwerbstätige beschäftigt als in anders verfassten Organisationen. Das Niveau der Erwerbsbeschäftigung in vereinsförmigen NPOs ist sowohl niedriger, zugleich aber auch erheblich stabiler (d.h. weniger dynamisch) als der höhere Beschäftigungslevel in anderen Organisationen. – Zur Interpretation dieses Ergebnisses bieten sich folgende Hypothesen an:

➤ Vereine verfolgen grundsätzlich ideelle Ziele. Sie sind deshalb (im Unterschied zu GmbHs und Genossenschaften) nicht in erster Linie erwerbswirtschaftlich tätig. Für wirtschaftliche Tätigkeiten im Sinne der Herstellung marktfähiger Dienstleistungen und Produkte ist die Legalform des Vereins wenig geeignet. Da sich die Schaffung bezahlter Arbeit aber vor allem wirtschaftlichen Tätigkeiten verdankt, entstehen bei vereinsförmigen NPOs weniger Erwerbsarbeitsplätze.

➤ In den „ehrenamtlichen" Vorständen der Vereine wird die Unentgeltlichkeit der Vereinsarbeit häufig ideologisch überhöht (und ihre Bezahlung entsprechend dämonisiert). Bezahlte Arbeitsleistungen werden in den Vereinen nicht als wünschenswerte Möglichkeit oder gar zwingende Not-

wendigkeit betrachtet, um zusätzliche Angebote bereitzustellen. Aus der „ehrenamtlichen" Vorstandstätigkeit resultieren mentale Barrieren, die der Schaffung neuer Arbeitsplätze entgegenstehen und ihre Einrichtung erschweren.
➢ Das Vereinsrecht im Allgemeinen und die jeweiligen Satzungen schreiben zwingend vor, dass relevante Entscheidungen durch die Mitgliederversammlung zu billigen sind. Daraus ergeben sich bei den Vereinen strukturelle Hindernisse für ein rasches und entschiedenes Handeln. Wo die Schaffung von Arbeitsplätzen ein solches Handeln erfordert, erweisen sich vereinsförmige NPOs als zu schwerfällig. Sie sind daher strukturell wenig geeignet, den Arbeitsmarkt zu entlasten.
➢ In vereinsrechtlich verfassten NPOs ist der Grad der Professionalisierung (im Sinne qualifizierter Fachlichkeit) weniger entwickelt als in den anderen Rechtsformen. Qualifiziertes Personal bildet jedoch eine entscheidende Voraussetzung für den Zugang sowohl zu neuen Märkten als auch zur Vermehrung sachlicher und finanzieller Ressourcen (öffentliche und private Mittel), die für die Schaffung von Arbeitsplätzen jeweils zusätzlich und mit hohem Aufwand erschlossen werden müssen.

60. Der Schlüsselfaktor „Haupttätigkeitsfeld"
Die NPOs im klassischen Wohlfahrtsbereich des Sozial- und des Gesundheitswesens beschäftigen zwei Drittel aller Erwerbstätigen des „Dritten Sektors". Verhältnismäßig wenige Lohnabhängige arbeiten hingegen in den Bereichen „Sport / Freizeit / Kultur" sowie „Interessenvertretung" (d.h. bei NPOs für Umweltschutz, Bürgerrechte und Internationales). Die letztgenannten Bereiche weisen außerdem eine erheblich weniger dynamische Beschäftigungsentwicklung auf als der Wohlfahrtsbereich. Als wachstumsintensivste Bereiche erweisen sich die Haupttätigkeitsfelder „Gesundheit" und „Erziehung / Bildung". Hingegen war im Sozialbereich die Personalentwicklung häufig rückläufig. – Zur Diskussion dieser Ergebnisse können die folgenden Hypothesen angeboten werden:
➢ Das deutliche Übergewicht der Erwerbsarbeitsplätze bei den Nonprofit-Organisationen des Sozial- und Gesundheitswesens verdankt sich dem entwickelten System staatlicher Sozialleistungen, als deren Erbringer der Verfassungsgrundsatz der Subsidiarität die Freien Träger bevorzugt. Die NPOs in den Arbeitsfeldern des Wohlfahrtsbereichs konnten in der Vergangenheit einen Großteil der staatlichen Ausgaben für Sozialleistungen auf sich verbuchen und waren daher in der Lage, in großem Umfang bezahlte Arbeitsplätze einzurichten und zu sichern. Aufgrund der knapper werdenden öffentlichen Ressourcen für die Sozialleistungen drohen die Nonprofit-Organisationen des Sozial- und Gesundheitswesens ihre führende Rolle als „Jobmaschine" allmählich einzubüßen.

➤ In den Tätigkeitsfeldern „Sport / Freizeit / Kultur" und „Interessenvertretung" haben die dort existierenden NPOs bislang kaum die Notwendigkeit erkannt, dass auch sie - angesichts der dramatischen Entwicklungen auf dem Arbeitsmarkt - eine beschäftigungspolitische Funktion wahrzunehmen hätten. Dies ist einerseits eine Folge des in diesen Feldern vielfach verbreiteten puristisch-konservativen Festhaltens an der traditionellen „Ehrenamtlichkeit" und dem selbstbezogenen Leben „im Verein" (siehe # 59). Andererseits dürfte es auch ein Ausdruck der jahrzehntelangen gesellschaftspolitischen Abstinenz bei den meisten dieser NPOs sein (z.B. bei den Sportvereinen und -verbänden). Ihre Organisationsziele sind häufig eher auf den privaten Bereich ausgerichtet als auf die gesellschaftlichen Belange. Neue Entwicklungen haben diese NPOs in der Regel kommerziellen Anbietern überlassen, statt durch die Anstellung bezahlter Kräfte selbst die Chancen der Weiterentwicklung wahrzunehmen.
➤ Im Haupttätigkeitsfeld „Interessenvertretung" sind die Mitglieder und Vorstände der Nonprofit-Organisationen mit Sicherheit zwar weniger konservativ eingestellt, doch machen sie sich gerade dadurch bei der Einwerbung öffentlicher Mittel weniger beliebt.
➤ Im Bereich „Interessenvertretung", aber auch bei „Kultur und Freizeit" sind einerseits nicht die finanziellen Voraussetzungen gegeben, um aus eigener Kraft Arbeitsplätze einzurichten. Andererseits fehlt in Folge dessen auch das professionelle Know-how für den Zugang zu öffentlichen Beschäftigungsprogrammen, die es wiederum gestatten würden, das hauptamtliche Personal aufzustocken.

 # 61. Die Höhe des Budgets als Erfolgsfaktor
Je größer das Budget einer NPO, desto mehr Erwerbsarbeitsplätze sind dort vorhanden. Nonprofit-Organisationen mit einem Jahresetat in der Größenordnung bis zu DM 62.500 beschäftigen in der Regel keine bezahlten Arbeitskräfte. – Zur Interpretation können folgende Hypothesen herangezogen werden:
➤ Aufgrund der Höhe der anfallenden Lohn- und Lohnnebenkosten - sowie der zusätzlichen Belastungen durch Mieten, Heizung/Strom und Arbeitsmittel (Telefon, Fax, PC) - ist die Einrichtung von Arbeitsplätzen und die Beschäftigung hauptamtlichen Personals in NPOs mit einem Jahresbudget in der Größenordnung bis zu DM 62.500 nicht leistbar.
➤ Organisationen mit niedrigem Budget sind zugleich in solchen Arbeitsfeldern tätig, die durch ehrenamtliche Arbeit dominiert sind und in denen die Verantwortlichen oftmals keine hauptamtlichen Beschäftigten wünschen.
➤ Im „Dritten Sektor" existiert eine Wechselbeziehung zwischen der Budgethöhe und dem Professionalisierungsgrad:

α) Organisationen mit einem hohen Etat benötigen zwangsläufig sowohl das Fachpersonal, um das breite Angebot von Dienstleistungen und Produkten professionell sicherzustellen und die Angebotspalette nach Möglichkeit auszuweiten, als auch das dafür entsprechend qualifizierte Finanzmanagement.

β) Qualifiziertes, dauerhaft beschäftigtes Personal bildet in der Regel auch eine unerlässliche Voraussetzung für die Wahrnehmung und Erschließung neuer, zusätzlicher Finanzierungsquellen (und für das daraus wiederum resultierende Wachstum des Etats). NPOs mit niedrigem Budget und ohne hauptamtliche MitarbeiterInnen sind bei der Akquisition finanzieller Ressourcen strukturell eindeutig benachteiligt. Dadurch ist ihnen wiederum die Professionalisierung des Personals und die dafür notwendige Schaffung von Erwerbsarbeitsplätzen verwehrt.

62. Die Zusammensetzung des Budgets als weiterer Schlüsselfaktor

Je höher der Etat, desto geringer ist zwar der relative Anteil privater Mittel, desto vielfältiger gestaltet sich aber der Ressourcenmix einer NPO, und zugleich wächst der Anteil öffentlicher Mittel. Mit steigendem Anteil öffentlicher Mittel am Budget nimmt indessen auch die Zahl der Erwerbstätigen zu. Solcherweise professionalisierte Nonprofit-Organisationen weisen eine größere Beschäftigungsdynamik auf. Privat finanzierte, vorwiegend auf unbezahlter Basis tätige NPOs tendieren hingegen zur Stagnation und weisen daher kaum Veränderungen auf. Das Beschäftigungsniveau im „Dritten Sektor" hängt zudem (insbesondere in Ostdeutschland) außergewöhnlich stark von öffentlichen Beschäftigungsförderprogrammen ab. – Zur Interpretation dieser Ergebnisse bieten sich die folgenden Hypothesen an:

- ➢ Da private Zuwendungen und Verkaufserlöse als alleinige Ressourcen in der Regel nicht ausreichen, um bezahlte MitarbeiterInnen zu beschäftigen, sind die diejenigen NPOs, die hochgradig von öffentlichen Mitteln abhängen, die beschäftigungsintensivsten.
- ➢ Dank der Tatsache, dass bei ihnen bereits qualifiziertes Personal beschäftigt ist (und deshalb unterstellt werden kann, dass ihre Leistungen professionell erbracht werden), sind die „reichen" NPOs die hauptsächlichen Nutznießer öffentlicher Mittel. Kleine Nonprofit-Organisationen sind einerseits bei der Erlangung öffentlicher Zuwendungen strukturell benachteiligt (siehe oben). Andererseits scheinen sie - jedenfalls aus Sicht der Kostenträger - auch nicht die Gewähr der professionellen Erbringung qualifizierter Dienstleistungen zu bieten.
- ➢ Bei den öffentlichen Kostenträgern herrscht die allgemeine Tendenz vor, die Mittelvergabe an die Nonprofit-Organisationen akkumulativ zu bündeln - d.h. insbesondere die „Mammut-Organisationen" zu berücksichtigen, statt viele kleine Beträge auf viele „arme" NPOs zu verteilen (und damit Gefahr zu laufen, die Controlling-„Übersicht" zu verlieren).

➢ Da die Ressourcen-Akquisition und -Bewirtschaftung sowohl einen hohen zeitlichen Aufwand erfordert als auch Fachwissen, um die vielfältigen Finanzquellen zu erschließen, ist professionelles, dauerhaft beschäftigtes Personal notwendig. Wo dieses fehlt, fehlen folglich auch die Mittel zu seiner Finanzierung.
➢ Mit wachsender Größe einer Organisation schwindet die Bedeutung von Mitgliedsbeiträgen und privaten Einzelspenden. Auch das erklärt - zum Teil wenigstens - den vorfindbar höheren Anteil öffentlicher Ressourcen im Etat der „reichen" NPOs.
➢ Mitgliedsbeiträge oder Einzelspenden werden an Vereine mit ideeller Zielsetzung gegeben, nicht jedoch an GmbHs und Stiftungen. Auch das erklärt zum Teil den geringeren Anteil privater Mittel bei den nicht-vereinsrechtlichen Nonprofit-Organisationen.
➢ Zu einem nicht geringen Teil sind die öffentlichen Einnahmen des „Dritten Sektors" abhängig von kurz- und mittelfristigen staatlichen Programmen zur Beschäftigungsförderung. Diese Programme verfolgen spezifische Förderziele. Die Mittelgewährung ist deshalb an spezifische Bedingungen gebunden, die vielfach nicht mit den Zielsetzungen der Nonprofit-Organisationen kongruent sind (oder sein müssen).

1.2 Ausgewählte Ergebnisse der ExpertInnen-Interviews

63. Prognosen aus der Sicht der ExpertInnen

Bei der Beantwortung der Interviewfrage[86], wie sie die künftige Beschäftigungsentwicklung im „Dritten Sektor" einschätzen, stimmten die ExpertInnen in den folgenden zwei Prognosen im Wesentlichen überein:
➢ Erstens: Eine *Stagnation* der Beschäftigungsentwicklung oder sogar ein Beschäftigungs*rückgang* seien in den staatlich geförderten Dienstleistungsbereichen des „Dritten Sektors" - d.h. im Sozialbereich, im Gesundheitswesen und im Bildungsbereich - zu erwarten. Der Bedarf eines vielfältigen Angebots sei zum Großteil gesättigt und die Finanzierbarkeit an ihre Grenzen gelangt.
➢ Zweitens: Ein Beschäftigungs*zuwachs* könne in denjenigen Bereichen erwartet werden, wo für das Dienstleistungsangebot des „Dritten Sektors" Übergänge in den Marktsektor erschlossen werden.

Unterschiede ergaben sich bei der Bewertung der Prognosen (siehe # 62) sowie teilweise hinsichtlich der Bedingungen, die daran geknüpft wurden (siehe # 63).

---

[86] Eine Gesamtübersicht der Ergebnisse ist im englischsprachigen Abschlussbericht enthalten. Weitere ausgewählte Resultate finden sich im Folgenden unter 2.2 in diesem Kapitel.

64. Gründe für die ExpertInnen-Skepsis
➢ Die Tendenz der Ausgliederung von Dienstleistungen aus dem „Dritten Sektor" in den Marktsektor lasse sich nicht aufhalten, bedingt auch durch den europäischen Binnenmarkt (siehe # 83).
➢ Aufgrund der Grenzen des Bedarfs sowie der Finanzierbarkeit durch die öffentliche Hand müsse von einem Ende des Wachstumsschubes der Beschäftigung im „Dritten Sektor" ausgegangen werden. Eine weitere Zunahme der Zahl von Arbeitsplätzen im „Dritten Sektor" führe per Saldo oft zum Abbau von Arbeitsplätzen im öffentlichen Sektor.[87]
➢ Die Perspektive einer weiteren Beschäftigungsentwicklung im „Dritten Sektor" der neuen Bundesländer sei skeptisch zu beurteilen. Die Ursachen dafür lägen in der Verringerung öffentlicher Zuschüsse, im niedrigen Eigenerwirtschaftungsgrad sowie in einer - nach Aussagen des ostdeutschen Experten - großen materiellen und ideologischen Staatsfixierung der ostdeutschen NPOs.

65. Argumente und Bedingungen für weitere Beschäftigungsentwicklung
➢ Der Markt für Dienstleistungen werde auf jeden Fall wachsen, fraglich sei nur, in welchem Sektor und zu welchen Bedingungen. Deshalb sei die weitere Entwicklung der bezahlten Beschäftigung im „Dritten Sektor" von grundlegenden politischen Entscheidungen abhängig: Entweder werde das „US-amerikanische Modell" der Marktorientierung und Privatisierung übernommen, oder es werde das „europäische Modell" favorisiert, das grundsätzlich von einer öffentlichen Verantwortung für das Gemeinwesen ausgeht.
➢ Ein weiteres Beschäftigungswachstum sei im „Dritten Sektor" nur dann zu erwarten, wenn die rechtlichen Rahmenbedingungen verbessert würden. Ferner müsse der eher marktorientierte Teil des „Dritten Sektors" in die Überlegungen einbezogen werden. Durch Ausgründungen von Nonprofit-Betrieben in den Marktsektor werde die Erwerbsarbeit im „Dritten Sektor" voraussichtlich zwar statistisch rückläufig sein. Faktisch seien aber neue Arbeitsplätze zu erwarten. Dies gelte insbesondere für den Bereich selbstorganisierter und -verwalteter Betriebe und Genossenschaften, die trotz stärkerer Marktorientierung auch gemeinnützige Ziele verfolgen. Diese Tendenz werde unterstützt durch eine zunehmende Orientierung der Arbeitsförderinstrumente auf den privatwirtschaftlichen Bereich.

---

[87] Für die letzten 20 Jahre gilt diese Behauptung allerdings nicht generell. So wurde in empirischen Forschungen nachgewiesen, dass der Beschäftigungszuwachs im „Dritten Sektor" größer war als der gleichzeitige Arbeitsplatzabbau im öffentlichen Dienst. Vgl. Zimmer / Priller 1999.

1.3 Thesen zu Beschäftigungsperspektiven im „Dritten Sektor"

Aus der Auswertung des Fragebogens und der Expertengespräche sowie aus der Analyse der rechtlichen und finanzökonomischen Rahmenbedingungen[88] lassen sich hinsichtlich der künftigen Beschäftigungsperspektiven des deutschen „Dritten Sektors" vier zentrale Erkenntnisse extrapolieren, die wir im Folgenden thesenförmig zur Diskussion stellen.

 # 66. These 1: Engpässe in den vorwiegend staatlich finanzierten Bereichen
Die gegenwärtig beschäftigungsintensivsten Bereiche - darunter insbesondere der Sozialbereich - sind überwiegend von staatlicher Finanzierung abhängig. Deshalb muss in diesen Bereichen künftig mit stagnierender oder sogar sinkender Beschäftigung gerechnet werden.
➢ Alle Anzeichen deuten darauf hin, dass der politisch eingeschlagene Kurs der Haushaltskonsolidierung weiter verfolgt wird und v.a. zu Lasten sozialstaatlicher und infrastruktureller Leistungen geht. Da die NPOs im Sozialbereich aber auch weiterhin nur in einem sehr beschränkten Umfang in der Lage sein werden, unabhängige Eigeneinnahmen zu erwirtschaften, können sie dem Abbau öffentlicher Finanzierungen nur auf Kosten des Beschäftigungsniveaus bzw. der Qualität ihrer Angebote begegnen.

 # 67. These 2: Perspektiven im Dienstleistungs- und Ökologiebereich
In anderen Tätigkeitsfeldern, wo gegenwärtig noch verhältnismäßig wenige Arbeitsplätze vorhanden sind - beispielsweise in den Bereichen Sport, Freizeit, Gesundheit, Kultur und Umwelt - können sich unter bestimmten Voraussetzungen neue Beschäftigungspotenziale ergeben. Vielversprechende Perspektiven erschließen sich für Nonprofit-Organisationen mit Angeboten im Bereich solcher (personenbezogener und ökologischer) Dienstleistungen, die nicht in erster Linie von öffentlichen Finanzierungen abhängen. Dies gilt insbesondere für Übergangsformen zwischen klassischer Nonprofit-Ausrichtung und erwerbswirtschaftlicher Arbeitsweise.
➢ Eine Vielzahl von Studien geht aufgrund der gesellschaftlichen Entwicklung (in Stichworten: demographische Prozesse, Phänomene der Individualisierung, Mobilität und Migration u.a.m.) von einem wachsenden Bedarf personenbezogener Dienstleistungen aus. Gesellschaftliche Bedarfe bestehen nicht zuletzt auch im ökologischen Bereich. Nonprofit-Organisationen sind für die Erbringung von Dienstleistungen in beiden Bereichen besonders geeignet, da sie einerseits - im Gegensatz zu profitwirtschaftlichen Unternehmen - soziale Gesichtspunkte einbeziehen und andererseits - im Unterschied zu staatlichen Institutionen - oftmals die

---

[88] Zu letzterem Bereich liegt ein Werkstattbericht des Projekts vor (Work package 2), der über die im Anhang zu findende Internet-Seite zu beziehen ist.

akuten lokalen Bedarfe besser kennen und flexibler zu reagieren in der Lage sind.
➢ Durch die Veräußerung an zahlungsfähige NutzerInnen erlauben neue Dienstleistungsangebote die Erzielung von Einnahmen. Dadurch wird die finanzielle Basis der Organisationen gestärkt und zusätzliche Erwerbsbeschäftigung ermöglicht.

 # 68. These 3: Erfordernis der Beseitigung struktureller Hemmnisse
Die Entfaltung der Beschäftigungsperspektiven setzt voraus, dass diejenigen strukturellen, insbesondere rechtlichen und finanzökonomischen Schranken abgebaut und beseitigt werden, die einer Modernisierung des „Dritten Sektors" und der Entwicklung seiner Organisationen im Wege stehen.
➢ In ihrer gegenwärtigen Form engen das „Rechtskorsett" und die institutionellen Strukturen des „Dritten Sektors" die Handlungsmöglichkeiten der Nonprofit-Organisationen ein. Damit sich das Beschäftigungspotenzial des „Dritten Sektors" entfalten kann, sind auf dem Gesetzgebungs- und Verordnungswege Voraussetzungen zu schaffen, die auf Seiten der NPOs eine größere organisationsinterne Handlungsautonomie ermöglichen und es ihnen erlauben, ihre finanzielle Basis zu verbreitern und zu diversifizieren.

 # 69. These 4: Notwendigkeit einer sicheren Finanzierungsbasis
Die Richtung der künftigen Beschäftigungsentwicklung im „Dritten Sektor" hängt wesentlich von politischen Entscheidungen ab, vor allem von der künftigen Prioritätensetzung auf Bundesebene. Von besonderer Bedeutung ist dabei, ob ein öffentlich ko-finanzierter Beschäftigungssektor als gesellschaftlich notwendig anerkannt und entsprechend verstetigt wird oder nicht.
➢ Der überwiegende Teil der Erwerbsarbeitsplätze im „Dritten Sektor" wird bislang durch öffentliche Mittel finanziert, sei es im Rahmen von Beschäftigungsförderprogrammen oder durch tätigkeitsbezogene Zuwendungen. Die damit verbundenen Finanzierungsmodi bedeuten jedoch sowohl einen hohen Grad von Diskontinuität als auch enorme Schwankungen im Volumen, und nicht zuletzt machen sie das Beschäftigungsniveau im „Dritten Sektor" von den wechselnden politischen „Großwetterlagen" abhängig. Finanzierungsinstrumente, die eine größere Kontinuität gewährleisten, sind für die Erwerbsbeschäftigung im „Dritten Sektor" unerlässlich.

2. Beurteilung der Beschäftigungsperspektiven im „Dritten Sektor"

2.1 Einschätzungen und Optionen seitens der NPOs

Im Folgenden berichten wir über eine Auswahl[89] weiterer Ergebnisse der schriftlichen Befragung. Daraus wird ersichtlich, welche politischen Ansätze und Instrumente seitens der Nonprofit-Organisationen - aktuell und künftig - als wichtig (bzw. unwichtig) eingestuft werden, um die Entwicklung gemeinnütziger Organisationen zu fördern und neue Erwerbsarbeitsplätze im deutschen „Dritten Sektor" zu finanzieren.[90]

 # 70. Wichtigkeit vorhandener, direkter staatlicher Förderinstrumente
Sowohl hinsichtlich der Entwicklung der jeweils eigenen Organisation, als auch in Bezug auf die Schaffung neuer Arbeitsplätze und die Stärkung des „Dritten Sektors" generell dominierte bei den Antworten der NPOs eindeutig die Forderung nach mehr (direkter) *Unterstützung durch die öffentlichen Hände.* Die entsprechenden Wünsche[91] zielten im Wesentlichen auf den Ausbau der bekannten, bereits vorhandenen Förderinstrumente, d.h. auf die *Förderung als gemeinnützige Organisation,* und zwar hinsichtlich der „Personalkosten"[92] und der „Spenden"[93]. Ferner wurde auch auf die *Ausweitung der*

---

[89] Die Gesamtergebnisse sind im „Final Country Report", dem englischen Abschlussbericht des NETS-Projekts, veröffentlicht.

[90] Zum „politischen Teil" der schriftlichen Befragung ist anzumerken, dass zwischen 13 und 41% (!) der Stichprobe hierzu nicht geantwortet haben. Wir haben dazu folgende Erklärungen: 1. Wie aus einigen handschriftlichen Anmerkungen ersichtlich ist, fühlte sich ein Teil der Organisationen durch unsere Frage nach Finanzierungsmöglichkeiten für bezahlte Arbeit im „Dritten Sektor" nicht angesprochen. Dies betrifft im wesentlichen Vereine, die v.a. in den Bereichen Freizeit und Sport tätig sind und ausschließlich auf „ehrenamtlicher" Basis arbeiten. (Kreuzanalysen bestätigten, dass Organisationen des Tätigkeitsfelds „Kultur / Freizeit" sowie solche mit niedrigem Budget und ohne bezahltes Personal allgemein seltener diese Fragen beantwortet haben als die anderen.) 2. Da die „politischen Fragen" am Schluss des Fragebogens platziert waren, dürfte sich bei den Respondenten auch ein gewisser Ermüdungseffekt eingestellt haben. 3. Möglicherweise entsprachen die Antwortvorgaben auch nicht den tatsächlichen Wünschen mancher Organisationen, wobei diese aber nicht in der Lage oder bereit waren, den vorgesehenen Raum für eigene Bemerkungen zu nutzen. 4. Wir schließen nicht aus, dass die Fragen und Antwortvorgaben in den Augen einer Reihe von Interviewpartnern nicht hinreichend deutlich und verständlich genug formuliert waren. 5. Nicht gänzlich auszuschließen ist letztlich, dass die Nichtbeantwortung unserer Fragen auf eine gewisse Politikabstinenz verweist, die für einen Teil der Akteure im deutschen „Dritten Sektor" nicht ungewöhnlich sein dürfte.

[91] Die Befragten waren gebeten worden, ihrer Antworten mit den Noten 1 bis 6 zu gewichten. Diese Noten wurden in der Auswertung zu drei Werten zusammengefasst (1+2, 3+4, 5+6).

[92] Die Antwort „Personalkostenförderung" erreichte in Bezug auf die Schaffung neuer Arbeitsplätze 52% der Stichprobe (Frage 6.3, Note 1+2), in Bezug auf die Weiterentwicklung

öffentlichen Nachfrage nach den Dienstleistungen des „Dritten Sektors" als eine wichtige Forderung hervorgehoben.[94]

 # 71. Wichtigkeit der Förderinstrumente bemisst sich am Bekanntheitsgrad
Neue, hierzulande wenig bekannte und bisher kaum genutzte Instrumente wurden nur von einer Minderheit der Nonprofit-Organisationen als „wichtig" bewertet. Eine Ausnahme bildete die Zustimmung zu der Antwortvorgabe „Kostengünstiger *Zugang zu Kommunikationsmitteln, technischer und räumlicher Infrastruktur*". Diese Option wurde verhältnismäßig häufig als wichtige Fördermaßnahme ausgewählt.[95] Insgesamt stimmten nur 20% aller befragten NPOs jenen anderen Antwortvorgaben zu, die beispielsweise für die Wichtigkeit von *„Freistellungsregelungen"* für MitarbeiterInnen anderer Betriebe für Tätigkeiten im Dritten Sektor"[96] votierten oder für *„steuerliche Begünstigungen der Nutzer* von NPO-Dienstleistungen", für *„Begünstigungen bei der Kreditvergabe"* oder für *„Anreize zur Neueinstellung* von MitarbeiterInnen". Hinsichtlich der Schaffung neuer Arbeitsplätze wurden „Freistellungsregelungen ..." und „Begünstigungen bei Kreditvergabe" von einem Teil explizit als „unwichtig" eingestuft, ebenso *„Spezielle Arbeitsverträge* für Beschäftigte im Dritten Sektor".[97] Bei einem anderen Teil der NPOs rangierten „Begünstigungen bei Kreditvergabe" auf einem mittleren Rang, ebenso die Optionen *„Verbesserung beruflicher / fachlicher Aus- und Weiterbildung"* sowie „steuerliche Begünstigung der Nutzer".[98]

 # 72. Spezifische Präferenzen in den Tätigkeitsfeldern
Die politischen Wünsche wurden von uns auch hinsichtlich des Tätigkeitsfeldes, der Budgethöhe sowie des Umfangs bezahlter Beschäftigung analysiert.[99] Dabei zeigte sich allerdings, dass es bei den ersten drei am häufigsten gewählten und als wichtig eingestuften Maßnahmen so gut wie keine Unterschiede bezüglich der genannten Variablen gibt. Generell am meisten ge-

---

der eigenen Organisation (Frage 6.1.) 37%. - Diese und die folgenden Prozentwerte beziehen sich nicht nur auf die antwortenden NPOs, sondern auf die gesamte Stichprobe.

[93] Eine Förderung der Organisation „hinsichtlich Spenden" galt für rund 35% als wichtig.

[94] Dieser Wunsch wurde von 33% als sehr wichtig für die Schaffung neuer Arbeitsplätze (Note 1+2) betrachtet sowie von 23% in Hinblick auf die Weiterentwicklung der eigenen Organisation.

[95] 47% gaben diese Antwort in Hinblick auf wichtige Instrumente für die Weiterentwicklung der eigenen Organisation. 32% wählten die Antwort in Hinblick auf die Schaffung neuer Arbeitsplätze.

[96] Vgl. z.B. das Projekt „SeitenWechsel" in der Schweiz (vgl. http://www.seitenwechsel.ch)

[97] Nennungen von jeweils um die 20%.

[98] Diese am häufigsten als mittelmäßig wichtig bewerteten Maßnahmen erhielten um die 20% der Antworten der Stichprobe.

[99] Diese Kreuzanalysen wurden lediglich für die als wichtig erachteten Maßnahmen zur Schaffung neuer Arbeitsplätze in der Organisation unternommen. Eine detailliertere Beschreibung der Ergebnisse findet sich im englischsprachigen Abschlußbericht.

wünscht wurden die Förderung „hinsichtlich Personalkosten" und „hinsichtlich Spenden", die „Ausweitung der öffentlichen Nachfrage" sowie der „kostengünstige Zugang zu Kommunikationsmitteln". Lediglich bei den weniger häufig präferierten Instrumenten zeigten sich einige kleinere Unterschiede. „Freistellungsregelungen für Tätigkeiten im Dritten Sektor" fanden die Zustimmung von 41% der Organisationen des Feldes *Interessenvertretung / Bürgerrechte*. Die Antwort „spezielle Arbeitsverträge für Beschäftigte im Dritten Sektor" wurde hauptsächlich im *Gesundheitsbereich* befürwortet.

73. Spezifische Präferenzen entsprechend der Höhe des Budgets
NPOs mit höherem Budget und einer größeren Anzahl Beschäftigter bevorzugten häufiger als andere die Option „Verbesserung der beruflichen Aus- und Weiterbildung". Gleiches gilt für die Kategorie „Ausweitung der öffentlichen Nachfrage". Organisationen ohne bezahltes Personal wiederum wählten öfter als andere die Antwort „Spezielle Arbeitsverträge für Beschäftigte im Dritten Sektor".

74. Was stärkt den „Dritten Sektor"?
In Beantwortung der auf die Zukunft gerichteten Schlussfrage, „welche *sozial- und wirtschaftspolitischen Entscheidungen* und Veränderungen" nach Ansicht der Befragten „den Dritten Sektor stärken würden", erhielten die folgenden drei Antwortvorgaben[100] die meiste Zustimmung:[101] 61% sprachen sich für ein „*Stärkeres Engagement von Politik und Wirtschaft* für den gemeinnützigen Sektor" aus, aber nur noch 35% für den „*Ausbau öffentlich geförderter Beschäftigung*" und 30% für eine „*Bedarfsorientierte Grundsicherung / garantiertes Existenzminimum* für jede/n Bürger/in".[102] Lediglich jeweils ein Fünftel der Befragten votierten für ein „Stärkeres *politisches Engagement von Organisationen des gemeinnützigen Sektors*" und für die „*Reduzierung und Reorganisation der Arbeitszeit*". Die sonstigen Optionen - nämlich „*Steigerung öffentlicher Ausgaben*", „*Stärkeres wirtschaftliches Gewicht der kommunalen Behörden*", „*Privatisierung* öffentlicher Dienstleistungen" sowie „*Steigerung von Löhnen* und privater Nachfrage" - wurden lediglich von 7% bis 15% der Befragten als ein politischer Ansatz zur Stärkung des „Dritten Sektors" betrachtet. - Unsere Ergebnisse weisen im Großen und Ganzen - mit einer Ausnahme - in dieselbe Richtung wie die bereits erwähnten Bewertungen von Maßnahmen in Hinblick auf die eigene Organisation. Die meisten Forderungen zielen ab auf ein stärkeres, direktes Engagement des

---

[100] Vorgegeben waren neun mögliche Antworten zur Auswahl und eine offene Antwortmöglichkeit.
[101] Im Fragebogen konnten maximal drei Antworten angekreuzt werden. Die Zustimmung bemisst sich nach der Gesamtzahl der markierten Antworten.
[102] Die Prozentwerte beziehen sich auf die gesamte Stichprobe, von denen 80% die Frage beantworteten. Die Befragten konnten mehrere Antworten ankreuzen.

Staates für den „Dritten Sektor". Allgemeinpolitische Forderungen, die nicht unmittelbar zum „Dritten Sektor" in Beziehung gebracht werden - beispielsweise die soziale Grundsicherung, die Kürzung und Reorganisation der Arbeitszeit oder ein stärkeres Gewicht der Kommunen - wurden nur von einer Minderheit als bedeutsam betrachtet. Auch Optionen, die in Richtung einer Ausweitung privater und öffentlicher Nachfrage nach Leistungen gemeinnütziger Organisationen gingen, fanden wenig Unterstützung.[103]

2.2 Politische Einschätzungen der ExpertInnen

Der Hauptteil der Experteninterviews galt der Notwendigkeit von Reformen der rechtlichen und ökonomischen Rahmenbedingungen des deutschen „Dritten Sektors". Im Folgenden referieren wir die zentralen Aussagen und Empfehlungen unserer GesprächspartnerInnen.[104]

2.2.1 Zur Notwendigkeit einer Reform der rechtlichen Grundlagen

 # 75. Übereinstimmende Einschätzungen und Forderungen
Die nachfolgende Einschätzung und die daraus zu ziehende Schlussfolgerung teilten uneingeschränkt alle der von uns interviewten ExpertInnen.
➢ Der „Dritte Sektor" werde durch eine *Vielzahl bürokratischer Reglementierungen* stranguliert. Zu beklagen sei vor allem, dass den Organisationen des „Dritten Sektors" (aber auch der öffentlichen Verwaltung) durch diese Reglementierungen ein hoher Zeit- und Arbeitsaufwand abverlangt werde, der in der Regel zu Lasten der „eigentlichen" Arbeit geht und eine sinnlose Verschwendung materieller und ideeller Ressourcen bedeutet.
➢ Insbesondere das *Zuwendungsrecht* erweise sich als bürokratisch, unflexibel und obrigkeitlich. Es wirke sich einerseits hemmend auf die Eigeninitiative der NPOs aus. Andererseits begünstige es sowohl die Fixierung des „Dritten Sektors" auf die öffentlichen Zuwendungen als auch die fortgesetzte Abhängigkeit der Nonprofit-Organisationen vom Staat.
➢ Daraus ergebe sich die Forderung nach einer grundlegenden Reform des Zuwendungsrechts mit dem Ziel der partnerschaftlichen Gestaltung des Verhältnisses zwischen Staat und „Drittem Sektor". Die Entbürokratisierung, Flexibilisierung und „Ent-Paternalisierung" erleichtere den NPOs die Eigenerwirtschaftung von Mitteln, Contracting u.ä.m..

---

[103] Im Gegensatz dazu wurde die Ausweitung der öffentlichen Nachfrage für die Entwicklung der eigenen Organisation durchaus als wichtig eingestuft (vgl. # 68). Dieses Ergebnis sollte allerdings nicht überinterpretiert werden, da unsere Fragestellung relativ komplex und nicht einfach zu beantworten war.
[104] Die Darstellung orientiert sich an den Fragen des Interviewleitfadens (siehe Anhang).

 # 76. Spezifische Einschätzungen und Forderungen
Entsprechend ihres jeweiligen Erfahrungshintergrundes gaben die Befragten weitere Einschätzungen zu den Rahmenbedingungen einzelner Rechtstypen des „Dritten Sektors", zu den damit verbundenen Nachteilen und negativen Auswirkungen sowie zum anstehenden Reformbedarf.

 # 76.1 Reformbedarf des Rechts der Gemeinnützigkeit
Eine systematische Reform des Gemeinnützigkeitsrechts hätte - insbesondere bezogen auf die Allgemeine Abgabenordnung - für eine Entrümpelung der bestehenden, veralteten Regelungen zu sorgen. Das deutsche Gemeinnützigkeitsrecht sei im europäischen Vergleich von durchschnittlicher Qualität. Es konserviere jedoch eine längst antiquierte, in einer Demokratie äußerst fragwürdige „Staatswohlorientierung", die durch einen stärker auf die gesellschaftlichen Belange bezogenen Begriff des „Gemeinwohls" abzulösen sei.

 # 76.2 Notwendige Reformen der Arbeitsförderung
Aufgrund ihres zeitlichen Zuschnitts würden zahlreiche der Arbeitsfördermaßnahmen, an denen der „Dritte Sektor" nicht unwesentlich partizipiert, die Verschwendung von Humanressourcen zur Folge haben.[105] Die arbeitsmarktpolitische „Flickschusterei" in Gestalt einer Vielzahl unterschiedlicher Instrumente und Maßnahmen (mit jeweils spezifischen Fördervoraussetzungen und -bedingungen) habe einerseits einen hohen bürokratischen Aufwand zur Folge. Andererseits seien ihre „Erfolge" höchst zweifelhaft. Deshalb sei eine grundlegende Reform des Arbeitsförderungsrechts angezeigt. Dabei müsse grundsätzlich auch die spezifisch deutsche Trennung in einen „ersten" und einen „zweiten" Arbeitsmarkt in Frage gestellt und aufgehoben werden. Ebenso sei die herkömmliche Unterscheidung (und die damit verknüpfte unterschiedliche Bewertung) zwischen öffentlicher 'Beschäftigungsförderung' im Nonprofit-Bereich einerseits und der als 'Wirtschaftsförderung' ausgewiesenen staatlichen Subventionierung des Profit-Sektors andererseits obsolet und irreführend.

---

[105] Hier ist u.a. daran zu denken, dass der Bewilligungszeitraum von AB-Maßnahmen oft in keinem Verhältnis zu dem zeitlichen und personellen Aufwand steht, der in einem NPO-Betrieb sowohl für die Antragstellung als auch bei der Einarbeitung einer neuen, in der Regel nicht selbst ausgewählten, sondern unter weitgehend betriebsfremden Kriterien zugewiesenen Arbeitskraft erbracht werden muss. In fataler Weise enden AB-Maßnahmen oft gerade dann, wenn eine gewisse Routine der Arbeitsvollzüge erlernt und selbstverständlich geworden ist. Das extern, durch die Arbeitsverwaltung vorgegebene Ende der jeweiligen Maßnahme verunmöglicht darüber hinaus eine auf Dauer angelegte Identifikation mit der NPO (als Arbeitgeber) und ihren Zielen. Die Auswirkungen der AB-Arbeit auf das betriebliche Klima und insbesondere auf die NutzerInnen der Dienstleistungsangebote einer Organisation sind in der Forschung bislang noch kaum untersucht worden.

76.3 Kritik an der ABM-Politik in den neuen Ländern
In Bezug auf den „Dritten Sektor" in den neuen Bundesländern wurde kritisch angemerkt, dass der in den Jahren nach der Wende einsetzende „Boom" von Arbeitsbeschaffungsmaßnahmen Eigeninitiative verhindert und das Engagement der Menschen gelähmt habe. Dadurch sei die aus DDR-Zeiten überkommene Fixierung auf den Staat als des für alle Lebensbereiche zuständigen Akteurs noch zusätzlich verstärkt worden.

76.4 Kritik an der Substitution langfristiger Politik durch ABM
Kritik macht sich auch daran fest, dass die Befriedigung gesellschaftlicher Grundbedürfnisse - z.B. im Sozial- oder Umweltschutzbereich - nicht durch adäquate, langfristige Programme aus den öffentlichen Haushalten angegangen wird, sondern durch die Finanzierung kurzfristiger Arbeitsfördermaßnahmen. Sobald diese zeitlich begrenzten Arbeitsfördermaßnahmen wegbrechen, würden auch die gesellschaftlichen Aufgaben nicht mehr wahrgenommen werden.

76.5 Angleichung des Genossenschaftsrechts an europäische Standards
Eine der ExpertInnen äußerte dezidierte Forderungen für eine Reform des deutschen Genossenschaftsrechts. Neben den wirtschaftlichen Zielen seien auch soziale Ziele im Gesetz zu berücksichtigen. Die Rechtsform der Genossenschaft würde sich dann nicht mehr ausschließlich auf Organisationen mit dem Ziel der unmittelbaren (wirtschaftlichen) Förderung ihrer Mitglieder beschränken, sondern ihre Aktivitäten könnten sich auch auf die Förderung von Nichtmitgliedern ausweiten (z.B. hinsichtlich der Schaffung von Ausbildungs- und Arbeitsplätzen). Genossenschaften mit sozialer Zielsetzung wären dann auch in der Lage, die gesetzlichen Kriterien der Gemeinnützigkeit zu erfüllen und entsprechende steuerrechtliche Vorteile wahrzunehmen wie gemeinnützige Vereine oder GmbHs auch. Diese und weitere Reformschritte[106] würden ganz entscheidend die Entstehung vieler kleiner, sozial ausgerichteter Genossenschaften erleichtern und zugleich eine Annäherung des deutschen Genossenschaftsrechts an europäische Rechtsstandards bedeuten.

76.6 Systematische Grenzen einer Flexibilisierung der Arbeitsverhältnisse
Auch (aber nicht nur) im „Dritten Sektor" werde die Entstehung flexibler Arbeitsverhältnisse und die Einrichtung neuer „origineller" Erwerbsarbeitsplätze im Wesentlichen dadurch konterkariert, dass das deutsche Soziale Sicherungssystem auf dem Konstrukt des so genannten „Normalarbeitsverhältnisses" (d.h. des männlichen, ohne wesentliche Unterbrechungen bis zum

---

[106] U.a. müssten auch die Gründungsvoraussetzungen für Genossenschaften erleichtert werden. Z.B. sei die Mindestzahl der GründerInnen von sieben auf drei zu senken. Auch müsse die Anerkennung neu gegründeter Genossenschaften durch die Prüfverbände erleichtert werden.

Eintritt der Rente erwerbstätigen Alleinverdieners) basiert. Obwohl die Gültigkeit dieses Modells zunehmend fragwürdiger geworden sei, werde an ihm festgehalten. Die Folge davon sei, dass die in einigen Bereichen des „Dritten Sektors" sinnvoll erscheinende Flexibilisierung der Arbeitsverhältnisse und die Schaffung neuer „intelligenter" Formen der Erwerbstätigkeit auf Kosten der Beschäftigten und ihrer Sozialen Sicherung geht, insbesondere bei eintretender Arbeitslosigkeit und im Rentenalter. Die Möglichkeiten der Flexibilisierung seien dadurch systematisch eingeschränkt.

2.2.2 Zur Verbesserung der wirtschaftlichen / finanziellen Bedingungen

 # 77. Frage der Finanzierung und Wirtschaftlichkeit des „Dritten Sektors"
➤ Grundsätzlich stimmten die ExpertInnen überein, dass bestimmte Teile des „Dritten Sektors" eine dauerhafte und verlässliche Finanzierung von Außen benötigen. Im einzelnen handle es sich dabei um NPOs, die einen Beitrag zur *Erfüllung gesellschaftlich notwendiger Aufgaben* leisten, keine marktfähigen Dienstleistungen und Produkte herstellen und deshalb außer Stande sind, ihre Arbeit aus eigenerwirtschafteten Mitteln zu finanzieren. Die Frage nach der externen Finanzquelle dieser NPOs beantwortete die Mehrheit der ExpertInnen unter Hinweis auf die Verpflichtung der öffentlichen Hände, die Bereitstellung gesellschaftlich notwendiger Leistungen sicherzustellen. Ein/e ExpertIn verwies darauf, dass hier auch ein wichtiges Betätigungsfeld von Förderstiftungen liegt.
➤ *Beschäftigungspolitisch* von besonderem Interesse seien v.a. Übergangsformen zwischen dem „Dritten Sektor" und dem For-profit-Bereich. Mehrheitlich waren die Befragten deshalb der Auffassung, dass die formale Unterscheidung und dogmatische Trennung „For-Profit vs. Non-Profit" überholt sei, weil dadurch die Beschäftigungspotenziale im „Dritten Sektor" eher gedrosselt als belebt würden.
➤ Die finanzielle Ausstattung des „Dritten Sektors" werde künftig in einem höheren Maße als bisher von Eigenmitteln abhängen. Für die verstärkte *Erwirtschaftung von Eigenmitteln* fehlten gegenwärtig aber noch die Voraussetzungen rechtlicher (siehe ## 73 und 74), aber auch fachlich-qualifikatorischer Art (Aus-, Fort- und Weiterbildung). Diese Voraussetzungen zu schaffen, sei vorrangig eine Aufgabe der Politik.

 # 78. Zur Frage einer Existenzgründungsförderung im „Dritten Sektor"
Für Nonprofit-Organisationen, die sich mit neuen Dienstleistungsangeboten auf den Markt begeben, müssten Anreize und Fördermöglichkeiten zur Existenzgründung bereitgestellt werden, ähnlich wie dies auch für Betriebsgründungen im For-profit-Bereich der Fall ist. Unterschiedlich urteilten die ExpertInnen hinsichtlich der Frage, ob die entsprechenden Mittel vom Staat bereit-

zustellen seien - so die Mehrheitsmeinung - oder - aus Skepsis gegenüber staatlichen Existenzgründungsmaßnahmen - von Förderstiftungen.

 # 79. Zur Verantwortung von Banken und Stiftungen
> Weitgehend einig waren sich die ExpertInnen in der Auffassung, dass eine *Vergrößerung der Kapitaldecke* des „Dritten Sektor" erforderlich ist. Dissens herrschte allerdings hinsichtlich der Kapitalquellen und der Instrumente zur Erreichung dieses Ziels.
> Eine der Auffassungen ging dahin, dass staatliche Kredite für den „Dritten Sektor" die beste Lösung seien. In einer anderen Aussage wurde hervorgehoben, dass v.a. die Banken eine gesellschaftliche Verpflichtung zur Bereitstellung von Kapital für den „Dritten Sektor" haben; Stiftungsgelder sollten nur als mögliche zusätzliche Einnahmequelle beansprucht werden. Zwei ExpertInnen machten einen Unterschied zwischen marktfähigen und nicht-marktfähigen Aktivitäten des „Dritten Sektors". Letztere zu kapitalisieren, seien Stiftungen gefordert, während die Banken als Geldgeber für die marktfähigen Bereiche in Frage kämen.

2.2.3 „Drei Wünsche an die deutsche Politik"

 # 80. Anerkennung des „Dritten Sektors", Reformen und neue Sozialpolitik
Die Experteninterviews endeten jeweils mit der Bitte, „drei Wünsche an die deutsche Politik in Bezug auf den Dritten Sektor" zu richten. Im Folgenden die Zusammenfassung der Wünsche unserer GesprächspartnerInnen:
> Wunsch Nr. 1 betrifft die politische Anerkennung des „Dritten Sektors" als eines wichtigen und eigenständigen gesellschaftlichen Bereichs, der auf allen politischen Ebenen in die Entscheidungen einzubeziehen ist.
> Wunsch Nr. 2 betrifft die gründliche Reform der rechtlichen Rahmenbedingungen mit dem Ziel der Entbürokratisierung und Flexibilisierung.
> Wunsch Nr. 3 betrifft neue sozialpolitische Konzepte einer Grundsicherung des Bürgerengagements bzw. einer Existenzsicherung für alle Bürgerinnen und Bürger.

2.2.4 Exkurs: Fragen der internen Organisation und Auswirkungen der EU-Politik

Im folgenden Exkurs berichten wir über weitere Ergebnisse aus den Interviews mit den ExpertInnen. Die Ausführungen betreffen Probleme der internen Organisation von NPOs und die Frage, welche Auswirkungen die europäische Einigung auf den „Dritten Sektor" hat bzw. haben wird.

 # 80. Zur Frage der Arbeitsbedingungen im Dritten Sektor
Bezogen auf die Frage, ob Nonprofit-Organisationen ein stärkeres Gewicht

auf die Verbesserung ihrer internen Arbeitsbedingungen legen sollten, bestand keine einheitliche Meinung. Der eine Teil der Befragten hält andere Aufgaben und Probleme des „Dritten Sektors" für vordringlicher als die Verbesserung der Arbeitsbedingungen. Diese seien im übrigen nicht generell schlechter als in anderen Sektoren. Der andere Teil hält eine Verbesserung der Arbeitsbedingungen zwar für wünschenswert, sieht aber kaum Möglichkeiten, da interne Verbesserungen fast ausschließlich abhängig seien von einer Veränderung der äußeren Rahmenbedingungen der Arbeit von „Dritter Sektor"-Organisationen (finanzielle Situation, mangelnde Planungssicherheit usw.).

 # 81. Anforderungen an die Qualifikation und Weiterbildung des Personals
Alle Interviewten bejahen grundsätzlich das Vorhandensein von Qualifikationsbedarfen. Im einzelnen wurden bei der Erörterung dieses Fragenkomplexes folgende Hinweise gegeben:
- Aufgrund seiner besonderen Strukturen und Funktionen weise der „Dritte Sektor" spezifische Qualifikationsbedarfe auf, die insbesondere das Management, die Finanzen und die Organisation betreffen.
- Im „Dritten Sektor" seien bestimmte Grundfähigkeiten / Schlüsselqualifikationen besonders notwendig und wichtig, insbesondere soziale Kompetenz, Konfliktfähigkeit, Selbstmanagement / Selbstreflexion.
- Bei der Qualifizierung des NPO-Personals handle es sich um eine sinnvolle Investition in die Humanressourcen. Daher müsse sie kontinuierlich erfolgen und nicht - wie es oft der Fall sei - nur beim Auftreten akuter Schwierigkeiten.
- Voraussetzung für kontinuierliche Qualifizierung sei die Stabilisierung der Arbeitsverhältnisse im „Dritten Sektor". Auf der Basis kurzzeitig befristeter Arbeitsverträge seien Qualifizierungsmaßnahmen weder betriebswirtschaftlich rentabel, noch angemessen zu organisieren.
- Im NPO-Bereich seien andere als die auf dem Weiterbildungsmarkt angeboten Qualifizierungsformen und -angebote erforderlich, z.B. kontinuierliche Begleitung in bestimmten Projektphasen anstatt kurzzeitiger, einmaliger Seminare.

 # 82. Mitbestimmung und Beteiligungsstrukturen als Innovationsfaktor
Unsere Frage lautete, ob Formen der innerbetrieblichen Mitbestimmung des Personals sowie der Partizipation der NutzerInnen geeignet seien, einen relevanten Beitrag zur Innovation im „Dritten Sektor" zu leisten. Sämtliche ExpertInnen bejahen dies grundsätzlich, sahen aber einen dringenden Bedarf hinsichtlich der Entwicklung geeigneter Strukturen zur Beteiligung der verschiedenen angesprochenen Gruppen (NutzerInnen, Freiwillige, Mitglieder, Vorstand, Haupt- und Nebenamtliche u.a.m.). Problematisiert wurden auch vorhandene Interessengegensätze zwischen bezahlten MitarbeiterInnen, Mit-

gliedern, Vorständen, Nutzern etc., insbesondere in Vereinen. Ein Teil der Befragten betonte, zwischen der Möglichkeit zur Partizipation aller Beteiligten und der organisatorischen Innovation bestehe ein erkennbarer Zusammenhang. Funktionierende Beteiligungsstrukturen bildeten in Zukunft eine legitimatorische Existenzgrundlage für Nonprofit-Organisationen. Es wurde die Meinung vertreten, NPOs mit Defiziten in diesem Bereich hätten zukünftig keinen Bestand.

 # 83. Auswirkungen der europäischen Einigung auf den „Dritten Sektor"
Unsere GesprächspartnerInnen waren einhellig der Auffassung, dass sich die Veränderungen auf europäischer Ebene auch auf den deutschen „Dritten Sektor" auswirken. Die Mehrheit sah hierin v.a. eine Chance für positive Veränderungen - festzumachen am Aufbrechen nationaler und transnationaler Marktbarrieren, am möglichen Aufweichen patriarchaler Strukturen und veralteter Rechtsnormen, sowie an günstigeren Marktkonditionen durch die Vernetzung von NPOs. Es zeichneten sich auch Übergänge vom „Dritten Sektor" in den Marktbereich ab. Davon erwartet ein Teil der Befragten den statistischen Rückgang der Beschäftigtenzahlen im „Dritten Sektor", was jedoch nicht generell als negativ bewertet wurde. Mit der weiteren europäischen Einigung verbinden die meisten ExpertInnen generell die Hoffnung auf eine allgemeine Stärkung des „Dritten Sektors". Andererseits wurde teilweise jedoch auch eine gewisse Skepsis geäußert und Vorsicht angemahnt. Es bestehe die Gefahr der Zerschlagung wertvoller Trägerstrukturen und der Absenkung sozialer Standards. Statt Entbürokratisierung stehe eine Komplizierung der Rahmenbedingungen ins Haus.

Kapitel III. Die Zukunft der Arbeit im „Dritten Sektor": Empfehlungen

Die deutsche Teilstudie des NETS-Projekts zielte zum einen darauf ab, durch eine empirische Bestandsaufnahme des „Dritten Sektors" (siehe Teil I) Daten zur genaueren Kenntnis seiner Struktur, der Finanzierung von NPOs und ihrer Personalentwicklung zu gewinnen. Eine weitere Zielsetzung war es herauszufinden, ob die Nonprofit-Organisationen in der Bundesrepublik erkennbare Beschäftigungspotenziale aufweisen, die bisher noch nicht oder unzureichend erschlossen sind (siehe Teil II). Ein drittes Anliegen des Projekts besteht darin, aus den Forschungsergebnissen Erkenntnisse abzuleiten, die anwendungsbezogen eine Antwort auf die Frage zulassen, was zu tun sei, damit in Zukunft im deutschen „Dritten Sektor" neue, zusätzliche Erwerbsarbeitsplätze geschaffen werden können.

Hierzu werden im Folgenden Vorschläge und Empfehlungen formuliert, die wir als Argumentations-, Orientierungs- und Entscheidungshilfen für die fachliche und politische Diskussion verstanden wissen möchten.[107] Teil III wendet sich insbesondere an politische EntscheidungsträgerInnen und interessierte PraktikerInnen im Bereich der Arbeitsmarkt- und Beschäftigungspolitik sowie des „Dritten Sektors".

Aus der Analyse der Daten der schriftlichen Befragung und der Experten-Interviews geht hervor, dass der „Dritte Sektor" über ein ausbaufähiges Beschäftigungspotenzial verfügt und insofern geeignet wäre, einen markanten Beitrag zum Abbau der Massenarbeitslosigkeit in der Bundesrepublik zu leisten. Die Entfaltung dieses Potenzials wird jedoch einerseits nicht gezielt gefördert und andererseits durch eine Reihe von Faktoren sogar behindert. Unsere Vorschläge beziehen sich daher auf zwei Bereiche: zum einen auf die Reform der verschiedenen rechtlichen Rahmenbedingungen, und zum anderen

---

[107] Es war weder Aufgabe des NETS-Projekts, noch sahen wir uns innerhalb des vorgegebenen Zeitrahmens dazu in der Lage, die folgenden Vorschläge und Empfehlungen so differenziert und detailliert auszuarbeiten, wie es für die konkrete politische und fachliche Umsetzung notwendig ist. Hier ergibt sich die Empfehlung an die Europäische Kommission als den Auftraggeber des Projekts, ein Forschungsvorhaben zu fördern (bzw. bei der deutschen Bundesregierung anzuregen), in dem interdisziplinär - d.h. insbesondere unter Einbeziehung v.a. juristischer, aber auch politik- und finanzwissenschaftlicher Kompetenz - detaillierte Reform- und Förderungsalternativen entwickelt werden.

auf die gezielte Direktförderung neuer Arbeitsplätze im „Dritten Sektor".[108] Die Stoßrichtung aller im Folgenden von uns unterbreiteten Empfehlungen zielt somit darauf ab, (erstens) Hindernisse der Selbstorganisation abzubauen, (zweitens) die Voraussetzungen für eine größere Unabhängigkeit des „Dritten Sektors" vom Staat zu schaffen und (drittens) die finanzielle Basis der Nonprofit-Organisationen zu stärken. – Diese Zielsetzungen werden auch durch die Ergebnisse von Zimmer / Priller (1999) bestätigt. Auf die Frage nach den gravierendsten Problemen, denen sich die Organisationen gegenüber sehen, wurden am häufigsten die Antworten „unzureichende Finanzierung durch die öffentliche Hand" (60%), „zu starke Verrechtlichung" (42%) und „zu starke Abhängigkeit von öffentlicher Finanzierung" (40%) angegeben.[109]

1. Vorschläge zur Reform der rechtlichen Grundlagen

Der „Dritte Sektor" verfügt in seiner Gesamtheit über keine einheitliche Rechtsgrundlage.[110] Dies gilt sowohl hinsichtlich der einzelnen Legalformen (siehe # 3), als auch für die spezifischen Rechtsnormen in den jeweiligen Tätigkeitsbereichen und Handlungsfeldern (siehe # 6). Letzteres hat zur Folge, dass die Nonprofit-Organisationen einer Vielzahl gesetzlicher Bestimmungen auf unterschiedlichen Regelungsebenen unterliegen, die keinerlei Konsistenz gegenüber dem „Dritten Sektor" aufweisen.[111] Im Folgenden erörtern wir den Reformbedarf derjenigen rechtlichen (1.1) und finanzökonomischen (1.2) Rahmenbedingungen, mit denen die verschiedenen Legaltypen von NPOs konfrontiert sind, gleichgültig in welchem Handlungsfeld sie sich bewegen.

---

[108] Welche quantitative Dimension die Beschäftigungseffekte, die aufgrund der von uns vorgeschlagenen politischen Reformen erzielbar sind, exakt haben werden, kann im Rahmen der vorliegenden Studie nur hypothetisch ermittelt werden. (Hier gelten die gleichen Einschränkungen und Empfehlungen wie in der vorhergehenden Fußnote.)

[109] Zimmer / Priller 1999: 79-80, 255. Die Frage lautete „In welchem Maße sieht sich Ihre Organisation gegenwärtig mit folgenden Problemen konfrontiert?" Vorgegeben waren 25 verschiedene Antworten, die auf einer Skala von vier Graden bewertet werden sollten. Die genannten Prozentwerte ergeben sich aus der Summe der beiden stärksten Bewertungsgrade („sehr stark" und „stark").

[110] Eine eingehende Kritik der rechtlichen und ökonomischen Rahmenbedingungen des deutschen „Dritten Sektors" findet sich in Betzelt 2000b.

[111] Beispielsweise wird der „Dritte Sektor" in der Sozialgesetzgebung völlig anders behandelt (Stichwort: „Subsidiarität") als etwa im Rahmen der Bildungspolitik („Föderalismus") oder in der Umweltgesetzgebung. Auf die Spezifika in den einzelnen Handlungsfeldern des „Dritten Sektors" wird hier jedoch nicht weiter eingegangen.

1.1 Reform der rechtlichen Grundlagen einzelner Legalformen

Die rechtlichen Grundlagen der drei wichtigsten Legalformen des deutschen „Dritten Sektors" - der *Vereine* und der *Stiftungen* als den quantitativ bedeutsamsten Rechtsformen, sowie der *Genossenschaften* als einer künftig an potenzieller Bedeutung gewinnenden Rechtsform - sind in hohem Maße reformbedürftig. Ihre Wurzeln reichen in das 19. Jahrhundert zurück, teilweise aber sogar bis in das Mittelalter. Seither haben sie keine systematische Anpassung an die veränderten gesellschaftlichen Verhältnisse und Bedürfnisse erfahren. Die bis heute bestehenden rechtlichen Rahmenbedingungen bilden deshalb ein komplexes, zum Teil höchst anachronistisches Geflecht von Einzelbestimmungen, welche den Anforderungen an demokratische, transparente und flexible Strukturen moderner gesellschaftlicher Organisationen nicht im Geringsten genügen. Im Folgenden skizzieren wir spezifische Reformnotwendigkeiten, die unseres Erachtens dringend geboten sind.

1.1.1 Empfehlungen zur Reform des Vereinsrechts

84. Vereinsgründungen entbürokratisieren

Im Vergleich zu anderen europäischen Ländern ist das Prozedere bei der Gründung eines rechtsfähigen *eingetragenen (Ideal-)Vereins* nach den geltenden Vorschriften des BGB (§§ 21-79) aufwendig und bürokratisch-formalistisch.[112] Sowohl die Gründungsvoraussetzungen (etwa die Vorschrift einer Mindestzahl von sieben Gründungsmitgliedern[113]), als auch die detailliert vorgeschriebenen formalen Abläufe einer e.V.-Gründung bedürfen der Vereinfachung. So wäre beispielsweise die notarielle Beglaubigung von Unterschriften (für die Anmeldung des Vereins zur Eintragung ins Vereinsregister) ebenso entbehrlich, wie es die penibel vorgeschriebenen Formalia einer Gründungsversammlung sind. Als Anforderung an Vereinssatzungen würde es genügen, wenn sie verfassungsgemäß sind und formal die demokratische Teilhabe der Mitglieder gewährleisten. Alle übrigen Bestandteile einer Satzung (wie z.B. die Erhebung von Mitgliedsbeiträgen und die Modi der Ein- und Austritte) sollten der Zustimmung der Vereinsmitglieder überlassen bleiben.

85. „Wirtschaftsverein" nutzbar machen für Soziale Unternehmen

Ein Blick in andere EU-Länder[114] weist auf ein weiteres Defizit des deutschen

---

[112] Vgl. dazu das Standardwerk von Sauter / Schweyer 1990.
[113] Die Herabsetzung der Mindestmitgliederzahl auf fünf Personen wäre eine große Vereinfachung, zumal die „biblische Zahl Sieben" rational durch Nichts begründbar ist.
[114] Z.B. ist in Schweden die in den letzen 10 Jahren gegründete Vielzahl genossenschaftlicher Betriebe in der Rechtsform wirtschaftlicher Vereine verfasst. Auch z.B. in Italien und Spanien dürfen Vereine wirtschaftlich tätig werden.

Vereinsrechts hin: Im Gegensatz zu anderen Staaten ist die im deutschen BGB (§ 22) vorgesehene Legalform des *Wirtschaftlichen Vereins* aufgrund der behördlichen Genehmigungspflicht („Verleihung"), die nur in Ausnahmefällen und mit jeweils individuellen Auflagen erteilt wird, praktisch für kleinere Initiativen mit (auch) sozialen Zielsetzungen nicht nutzbar. Angesichts der gesetzlichen Begrenzung des Idealvereins auf rein ideelle Hauptzwecke, die eigenwirtschaftliche Aktivitäten zur Schaffung selbstfinanzierter Arbeitsplätze erschwert, wäre ein erleichterter Zugang zur Rechtsform des Wirtschaftlichen Vereins eine mögliche Lösung für sozial nützliche, auf Marktteilnahme ohne Gewinnerzielungsabsicht ausgerichtete Betriebe. Das berechtigte öffentliche Interesse an einem funktionierenden Gläubigerschutz und ordnungsgemäßer kaufmännischer Buchführung könnte durch standardisierte, gesetzlich geregelte Auflagen in einem verkürzten staatlichen Genehmigungsverfahren gewahrt werden (vgl. Münkner 2000). Sofern AntragstellerInnen diese Auflagen erfüllen, müssten sie jedoch ein einklagbares Recht auf Genehmigung des Wirtschaftsvereins besitzen (vgl. ebd.). Die Alternative wäre (neben der Nutzung der genossenschaftlichen Rechtsform, siehe 1.1.3) eine komplette Neuordnung des Vereinsrechts, das keine Trennung zwischen Ideal- und Wirtschaftsverein vorsieht, und für wirtschaftliche Tätigkeiten generell o.g. gesetzliche Auflagen macht.

86. Rechnungslegung veröffentlichen
In zahlreichen Ländern der EU, beispielsweise in Italien und Spanien, ist die Publizitätspflicht aller (rechtsfähigen) Vereine längst eine Selbstverständlichkeit. Angesichts der Millionenumsätze großer Vereine und ihrer zunehmenden Marktteilnahme ist die aktuelle Situation unhaltbar, dass Vereine in Deutschland keiner rechtlichen Verpflichtung zur öffentlichen Rechnungslegung ihrer Einnahmen und Ausgaben unterliegen. Zumindest ab einer bestimmten, gesetzlich festzulegenden Umsatzhöhe sollten die Vereine im Sinne größerer Transparenz publizitätspflichtig sein.[115] Diese Pflicht könnte durch verschiedene Formen der schriftlichen Bekanntmachung erfüllt werden, die bei den Vereinen nicht unbedingt zu einem erhöhten bürokratischen Aufwand führen.

87. Das Vereinsrecht harmonisieren und systematisieren
Die rechtlichen Bestimmungen, die für den Legaltypus des Vereins relevant sind, finden sich zum Teil im Bürgerlichen Gesetzbuch wieder, zu anderen Teilen aber auch im Vereins- und im Vereinsförderungsgesetz. Im Interesse der Überschaubarkeit und der leichteren Handhabung empfiehlt es sich, das gesamte Vereinsrecht mit dem Ziel der Anpassung an die aktuellen gesellschaftlichen Realitäten zu harmonisieren und zu systematisieren.

---

[115] Es geht dabei auch um vertrauensbildende Maßnahmen gegenüber den SpenderInnen und der Öffentlichkeit allgemein.

1.1.2 Vorschläge zur Reform des Stiftungsrechts

Im Folgenden handelt es sich um eine Reihe von Reformempfehlungen[116], die von der Zielsetzung bestimmt sind, das private Stiftungswesen zu stärken und dadurch zu einer Mobilisierung privaten Kapitals für gesellschaftlich sinnvolle und notwendige Zwecke beizutragen.

 # 88. Die staatliche Genehmigungspflicht privater Stiftungen aufheben
Private Stiftungen bedürfen in Deutschland der staatlichen Genehmigung. Diese entspringt einem antiquierten, obrigkeitlichen Verständnis staatlicher Allzuständigkeit in allen Belangen der Gesellschaft. Dringend geboten ist daher die Ablösung des staatlichen Konzessionssystems durch ein normatives Verfahren, bei dem sich die staatlichen Kontrollen von Stiftungen auf eine eng begrenzte formale Rechtsaufsicht durch die Stiftungsaufsichtsbehörden beschränken.

 # 89. Bundeseinheitliche Rechtsgrundlagen schaffen
Bislang sind die formalen Erfordernisse zur Errichtung einer privaten Stiftung nicht bundeseinheitlich geregelt, sondern Ländersache. Auf Bundesebene fehlt eine bundeseinheitliche Rechtsgrundlage. Um eine solche zu schaffen, empfiehlt sich die parlamentarische Verabschiedung eines Bundesstiftungsgesetzes, auf dessen Grundlage einerseits die formalen Erfordernisse zur Gründung einer Stiftung vereinfacht und entbürokratisiert werden sollten (siehe ## 88 und 92), das andererseits aber auch eine Reihe von notwendigen Auflagen zur Publizitätspflicht der Stiftungen macht (siehe ## 90 und 91).

 # 90. Die Publizitätspflicht aller Stiftungen verankern
In der Bundesrepublik mangelt es an der demokratischen Offenheit und Publizität der einzelnen Stiftungen. Veröffentlichungen über ihre jeweiligen Tätigkeiten und die regelmäßige Mitteilung ihrer Jahresbilanzen würden zu einer gesellschaftlichen Transparenz beitragen, die den Bekanntheitsgrad und das Prestige der einzelnen Stiftung erhöhte und - angesichts der z.T. sehr großen Stiftungsvermögen - ein zusätzliches Vertrauens-„Kapital" in die Funktion der Stiftungen als Mitgestalter der Gesellschaft schüfe. Ein Bundesstiftungsgesetz hätte die Publizitätspflicht der Stiftungen zu verankern.

---

[116] Es liegen mittlerweile mehrere Gesetzentwürfe für eine Reform des Stiftungsrechts vor, die z.T. die im folgenden Text genannten Änderungen enthalten. Bislang verabschiedet wurde jedoch nur das Stiftungssteuergesetz (BT-Drs. 14/2340), das stärkere steuerliche Anreize für Stiftungen sowie Erleichterungen für deren Vermögensbildung vorsieht. Vgl. Bertelsmann Stiftung / Maecenata Institut 1999.

91. Einführung eines bundesweiten Stiftungsregisters
Im „Dschungel" der schätzungsweise über 8.000 bestehenden deutschen Stiftungen ist es ungemein schwierig, auf der Suche nach geeigneten Stiftungen - beispielsweise solcher zur Förderung gemeinwohlorientierter Zwecke - fündig zu werden. Daraus ergibt sich die Forderung nach der Einführung eines bundesweiten, öffentlich zugänglichen und systematisch leicht erschließbaren Stiftungsregisters. Dieses würde ebenfalls eine größere Transparenz (und gesellschaftliche Akzeptanz) des Stiftungswesens zur Folge haben und gleichzeitig die Suche nach Stiftungsmitteln für Projekte im „Dritten Sektor" erleichtern.

92. Erleichterung der Errichtung von Bürgerstiftungen
Bürgerstiftungen sind in Deutschland noch relativ unbekannt. Es handelt sich dabei um einen Stiftungstypus, der sich u.a. dadurch auszeichnet, dass nicht eine einzelne Stifterpersönlichkeit in Erscheinung tritt, sondern dadurch, dass möglichst viele Personen sich durch Vermögenseinlagen beteiligen, um aus den Erträgen zumeist lokale, gemeinwohldienliche Zwecke zu fördern. Da das bestehende Recht diese Form der Stiftung behindert, müsste auf dem Wege der Gesetzgebung die rechtliche Möglichkeit geschaffen werden, dass mehrere StifterInnen sich beteiligen, spätere Zustiftungen möglich sind und die konkreten Stiftungszwecke erforderlichenfalls abgewandelt werden können.

1.1.3 Empfehlungen zur Reform des Genossenschaftsrechts

Die folgenden Vorschläge zielen darauf ab, die Rechtsform der Genossenschaft durch ihre Modernisierung und Öffnung besser nutzbar zu machen für jene Initiativen, die kooperative Ansätze verfolgen, insbesondere für solche zur gemeinsamen Schaffung von Arbeitsplätzen in gesellschaftlich nützlichen Bereichen. Wie die Erfahrungen in anderen EU-Ländern (z.B. in Italien) zeigen, lässt die (reformierte) genossenschaftliche Rechtsform einen erheblichen Beschäftigungszuwachs erwarten, da hier marktfähige Produkte und Dienstleistungen erstellt und sinnvolle Übergangsformen zwischen dem „Dritten Sektor" und dem For-Profit-Bereich bereit gestellt werden.

93. Abbau formaler Hürden für Genossenschaftsgründungen
Für die Gründung einer Genossenschaft bestehen in der Bundesrepublik derzeit insbesondere drei formale gesetzliche Hürden, die es neuen Initiativen erschweren, die kooperative Rechtsform für ihre Nonprofit-Zwecke zu nutzen.
➢ Die *Mindestzahl* von sieben GründungsgenossInnen ist zu hoch und hat sich - nicht zuletzt angesichts der Produktivitätsfortschritte - historisch überlebt. Sie sollte auf drei, maximal jedoch fünf Mitglieder gesenkt werden. Diese Änderung würde es kleinen genossenschaftlichen Initiativen ermöglichen, ihre Tätigkeit unverzüglich aufzunehmen und ihre Ar-

beit kontinuierlich mit dem Ziel auszubauen, dann weitere GenossInnen für die Mitarbeit zu gewinnen.
➢ Für kleine Genossenschaften bildet die gesetzlich vorgeschriebene Dreigliederung der *Organe* (Generalversammlung, Vorstand und Aufsichtsrat) eine weitere, schwer zu überwindende Hürde. Erfahrungsgemäß ist es gerade für kleine Initiativen äußerst schwierig, genügend (kompetente) Personen für die Besetzung der Leitungs- und Aufsichtsgremien zu finden. Bei Genossenschaften mit weniger als 25 Mitgliedern sollte deshalb die Wahl eines Aufsichtsrates nicht zwingend sein; die erforderlichen Kontrollaufgaben könnten - ähnlich wie beim Verein - durch den Vorstand übernommen werden.
➢ Ein drittes Hindernis ergibt sich aus der zwingenden Vorschrift, dass eine Genossenschaft nur dann rechtsfähig werden kann, wenn sie auch Mitglied eines der genossenschaftlichen *Prüfverbände* ist. Letztere nehmen jedoch eine genossenschaftliche Leitidee zum Maßstab, die sich ausschließlich am Konzept der rein erwerbswirtschaftlichen, an Wettbewerbsfähigkeit und quantitativen Wachstumszielen orientierten Großgenossenschaft orientiert sowie an allen damit verbundenen Erfordernissen der Kosten- und Leistungsoptimierung. Ausdruck dieser erwerbswirtschaftlichen Dominanz sind die geltenden Maßstäbe und Kriterien für die Prüfung der wirtschaftlichen Solidität. Durch die hohen Mitgliedsbeiträge und Prüfungsgebühren wirken die großen Prüfverbände bewusst abschreckend gegenüber kleinen, unkonventionell erscheinenden Zusammenschlüssen produktiver oder sozial-ökologischer Art (siehe # 94), indem sie zugleich auch die Neugründung von Kleingenossenschaften erschweren. Anstatt den Prüfverbänden qua Gesetz weiterhin eine Monopolstellung zu sichern, sollte der Gesetzgeber die Möglichkeit einräumen, dass auch unabhängige Wirtschaftsprüfer berechtigt sind, die wirtschaftliche Tragfähigkeit einer Genossenschaft zu überprüfen.

94. Öffnung des Genossenschaftsrechts für Nonprofit-Kooperativen

In fast allen europäischen Ländern lässt sich beobachten, welch großen gesellschaftlichen, insbesondere beschäftigungspolitischen Nutzen ein „liberaler" Zuschnitt des Genossenschaftsrechts bietet (vgl. Lunaria 1998, Barbetta 2000). In Deutschland dagegen sind Genossenschaften per Gesetz ausschließlich auf eine erwerbswirtschaftliche Zielsetzung festgelegt. Die Betonung des Ziels der wirtschaftlichen Förderung ihrer Mitglieder (siehe § 1 GenG) beinhaltet jedoch die Abkehr von den ursprünglichen Merkmalen der Genossenschaftsbewegung: Kooperation, Solidarität, Demokratie. Die „Wende" zu Gunsten des seit einigen Jahrzehnten vorherrschenden Genossenschaftstyps des mitgliederstarken, erwerbswirtschaftlich ausgerichteten und wettbewerblich effizienten Großunternehmens hat andere genossenschaftliche Ansätze verhindert, die nach den ursprünglichen Maximen arbeiten und gemeinwohlorientierte Ziele verfolgen, wie z.B. Kooperativen aus dem Spektrum der selbstverwalteten Betriebe. Diese werden durch die strikte Legaldefinition und ihre restriktive Auslegung diskriminiert statt gefördert. Daraus leitet sich die Empfehlung an den Gesetzgeber ab, die genossenschaftliche Rechtsform für jene kooperativen Organisationsansätze zu öffnen, die mit ihrer Arbeit soziale und ökologische Ziele verfolgen.[117]

 # 95. Förderung von Genossenschaften mit gemeinnützigen Zielen
Eine Öffnung der genossenschaftlichen Rechtsform für die Förderung von Nichtmitgliedern und gesellschaftlich nützliche Ziele (siehe # 94) würde den Genossenschaften die Anerkennung als gemeinnützige Organisationen ermöglichen und den Zugang zu Vergünstigungen eröffnen, die ihnen bislang prinzipiell verschlossen sind. Damit wären gesellschaftlich nützliche Tätigkeiten von Kooperativen - z.B. im Sozial- und Ökologiebereich - ebenso steuerlich privilegiert, wie dies bei Organisationen in anderer Rechtsform der Fall ist. Als gemeinnützig anerkannte Genossenschaften könnten sie zudem auch andere öffentliche Förderinstrumente - z.B. die der Arbeitsförderung (ABM) - nutzen und damit Erwerbsarbeitsplätze schaffen. Hier empfiehlt sich also dringend die Angleichung des deutschen Genossenschaftsrechts an den europäischen Standard.

1.2 Reform finanzökonomischer Bedingungen und ihrer Rechtsbasis

1.2.1 Das Zuwendungsrecht und die Vergabepraxis öffentlicher Mittel

 # 96. Vereinfachung der Antrags-, Abrechnungs- und Nachweisverfahren
Nonprofit-Organisationen müssen einen Großteil ihrer Managementressourcen auf sinnlose bürokratische Arbeiten verwenden, um öffentliche Mittel zu beantragen, abzurechnen und nachzuweisen. Eine Entbürokratisierung der Antrags-, Abrechnungs- und Nachweisverfahren für die öffentlichen Mittel, die eine Nonprofit-Organisation für bestimmte Zwecke erhält, würde zu einer enormen Entlastung führen. Notwendig wäre vor allem eine grundlegende, weitestgehende Vereinheitlichung und Vereinfachung von Antrags-, Abrechnungs- und Nachweisverfahren (inklusive Formularen) für öffentliche Mittel, die in den „Dritten Sektor" fließen - unabhängig vom Ressort und von der gebietskörperschaftlichen Ebene! Es ist nicht einsichtig, warum nahezu jede Verwaltungseinheit der öffentlichen Hand ihre eigenen Richtlinien, Formulare und Kriterien für die Mittelvergabe entwickelt. Formell vereinheitlichte Vergaberichtlinien sollten sich dabei nicht an der für die öffentliche Verwaltung

---

[117] Alternativ zur *Öffnung* des bestehenden Genossenschaftsrechts wäre auch denkbar, dass ein besonderes Gesetz für Sozial- und Ökologiekooperativen neu geschaffen wird.

(noch) gültigen Kameralistik orientieren, sondern an den überall sonst gültigen Regeln kaufmännischer Buchführung. Die Kontrolle der Mittelvergabe müsste stärker ergebnisorientiert sein und weniger formalistisch. Die infolge der Vereinheitlichung und Vereinfachung frei werdenden personellen Ressourcen könnten zur Mittelakquisition, zur Erschließung neuer Märkte und zur Entwicklung neuer Dienstleistungen und Produkte eingesetzt werden, was wiederum Arbeitsplätze schaffen würde. Außerdem würden klare und einheitliche Verwaltungsrichtlinien die Transparenz der Vergabe öffentlicher Mittel erhöhen und die weit verbreiteten Einzelfallentscheidungen der Behörden, deren Kriterien objektiv oft nicht nachvollziehbar sind, erschweren.

97. Globalbudgets und Verlängerung der Bewilligungsdauer

Die Festlegung der NPOs auf *A priori*-Finanzpläne mit eng umrissenen Kostenarten und Verwendungszwecken erschwert eine flexible, bedarfsorientierte Arbeitsweise. Deshalb sollten bewilligte öffentliche Mittel generell als Globalbudgets vergeben und längere Finanzplanungs- und Finanzierungszeiträume eingeführt werden. Nicht die exakte Einhaltung eines aufgestellten Finanzplanes kann das Ziel sein, sondern die Erreichung eines bestimmten, förderungswürdigen Zweckes! Selbstverständlich bedarf es einer realistischen Kalkulation der notwendigen Mittel, doch die tatsächliche interne Verteilung der Gelder auf Personal-, Sach- und Investitionskosten sollte den aktuellen Erfordernissen zur Erreichung des Förderzwecks vorbehalten bleiben. Der bislang übliche jährliche Vergaberhythmus ist für die NPOs - besonders ab einer bestimmten Größe - im allgemeinen zu kurz bemessen, um eine effektive Planungsgrundlage darzustellen. Die mit dem Jahresturnus verbundenen finanziellen, aber auch persönlichen Risiken stellen für die Organisation und ihre MitarbeiterInnen eine kaum zumutbare Belastung dar. Für die als dauerhaft notwendig erkannten Dienstleistungen von NPOs sollten mindestens zweijährige, besser noch längere Bewilligungen erfolgen.[118] Diese Änderungen würden eine flexiblere Mittelbewirtschaftung, einen effektiveren Einsatz der öffentlichen Gelder und eine effiziente längerfristige Planung der NPOs ermöglichen. Dies wiederum erleichtert die Realisierung neuer Arbeitsvorhaben und im Zusammenhang damit die Entstehung bezahlter Arbeitsplätze.

98. Ablösung der „Fehlbedarfsfinanzierung" durch Leistungsverträge

Die Förderung von NPOs durch öffentliche Zuwendungen nach dem Grundsatz der „Fehlbedarfsfinanzierung" verhindert eine breitgefächerte Mischung verschiedener Finanzierungsquellen einer Organisation und verstärkt damit ihre Abhängigkeit vom Staat. Denn die für denselben Tätigkeitsbereich eingeworbenen nicht-öffentlichen Gelder werden bei dieser Förderart von den bereits gezahlten öffentlichen Zuwendungen wieder abgezogen - die Akquisi-

---

[118] Zur Kontrolle der laufenden Geschäfte einer NPO können durch die bewilligende Behörde dennoch nach Ablauf eines Jahres Geschäftsberichte angefordert werden.

tion privater Mittel wird so bestraft! Generell sollte deshalb die obrigkeitlich geprägte Zuwendungsförderung durch vertragliche Bindungen zwischen der finanzierenden öffentlichen Stelle und der leistungserbringenden NPO abgelöst werden. Dies ist teilweise bereits der Fall, allerdings - und dies ist durch rechtliche Reformen allein nicht zu gewährleisten - müssen die Vertragskonditionen (a) die inhaltliche Autonomie der NPO gewährleisten, und sie dürfen (b) bestimmte soziale Standards bei der Bezahlung der NPO-Arbeitskräfte sowie die Qualitätsstandards der Arbeit nicht unterhöhlen. Die Entwicklung dieser Standards ist zugegebenermaßen schwierig, doch unvermeidlich. Die Umstellung auf eine vertraglich gesicherte öffentliche Finanzierung durch verlässliche, partnerschaftlich ausgehandelte Leistungsverträge zwischen öffentlichen Geldgebern und NPOs sowie die Nicht-Anrechnung eigenerwirtschafteter Einnahmen würden - ebenso wie die Einführung des Globalbudgets (siehe # 97) - zu einem effektiveren Mitteleinsatz, längerfristiger Planungssicherheit sowie potenziell zu einer breiteren Finanzierungsbasis führen (und damit ebenfalls die Entstehung neuer Arbeitsplätze begünstigen).

 # 99. Abschaffung von Einflussnahmen auf die NPO-Personalstruktur
Im Falle öffentlicher Förderung unterliegen NPOs bestimmten Restriktionen, die sich äußerst nachteilig auf ihre Personalstruktur auswirken. Beispielsweise lehnt die öffentliche Hand die Bezuschussung von Maßnahmen zur MitarbeiterInnen-Fortbildung und Supervision häufig als „nicht zuwendungsfähig" ab. Ferner gilt gemeinhin das „Besserstellungsverbot", das es Empfängern öffentlicher Mittel verbietet, ihre MitarbeiterInnen besser zu entlohnen als die Beschäftigten des Öffentlichen Dienstes. Letzteres hat beispielsweise zur Folge, dass der Managementbereich im NPO-Sektor[119] für qualifizierte MitarbeiterInnen wenig attraktiv ist, da ihnen die gewerbliche Wirtschaft ein erheblich höheres Einkommen verspricht. Die mit den staatlichen Zuwendungen verbundenen Eingriffe in die interne Personalstruktur von „Dritter Sektor"-Organisationen erscheinen heute antiquiert und sind nicht legitimierbar.[120] Die restriktiven Bewilligungspraktiken öffentlicher Stellen würden sich durch die bereits erwähnten Globalbudgets (siehe # 97) erledigen.

---

[119] Gerade im Managementbereich besteht bei NPOs häufig noch ein hoher Professionalisierungsbedarf.
[120] Es käme auch niemand auf die Idee, einem Betrieb des privatwirtschaftlichen Sektors als Gegenleistung für Wirtschaftsfördermittel derartiges abzuverlangen.

1.2.2 Der Reformbedarf des Gemeinnützigkeitsrechts

Das Gemeinnützigkeitsrecht bedarf dringend der Vereinfachung, Systematisierung und Anpassung an die veränderten gesellschaftlichen Gegebenheiten und Bedürfnisse. Zu nennen sind im Folgenden einige Eckpunkte, die uns für den „Dritten Sektor" in seiner Funktion als Arbeitsmarkt wichtig erscheinen.[121]

 # 100. Das Gemeinnützigkeitsrecht systematisieren und straffen
Wer sich über die Rechtsgrundlagen, die gegenwärtig die Gemeinnützigkeit von Organisationen regeln, kundig machen will, muss sich darüber in den verschiedenen *Steuergesetzen*, der *Allgemeinen Abgabenordnung* und dem entsprechenden *Anwendungserlass*, im *Vereinsförderungsgesetz* sowie im *Kultur- und Stiftungsförderungsgesetz* informieren. Relevant ist außerdem eine Vielzahl wichtiger *rechtlicher Entscheidungen* der Justiz. Die gegenwärtig geltenden zentralen Rechtsbestimmungen in der Allgemeinen Abgabenordnung haben sich historisch entwickelt und sind daher in ihrem Aufbau inkonsistent: Grundsätze der Gemeinnützigkeit stehen gleichberechtigt neben einer willkürlichen Auflistung einzelner als gemeinnützig anerkannter Zwecke. Eine grundlegende Reform muss das Ziel haben, diese unübersichtliche Situation durch ein möglichst transparentes, logisch geordnetes und in sich konsistentes Gesetzeswerk zu beseitigen.[122]

 # 101. Mehr gesellschaftliche als staatliche Kriterien der Gemeinnützigkeit
Die gegenwärtig geltende Abstufung steuer- und spendenbegünstigter, als gemeinnützig anerkannter Zwecke[123] erweckt den Anschein von Willkür. Sie ist nicht mehr zeitgemäß und spiegelt ein obrigkeitsstaatliches Gemeinwohl-Verständnis wider: Nicht was der Gesellschaft nützt, wird anerkannt, sondern was der Staat als nützlich definiert. Dieser Zustand verlangt nach einer modernisierten, an gesellschaftlichen Zielen orientierten und nicht von der Staatsraison bestimmten Beurteilung „gemeinnütziger Zwecke": Die öffentliche Anerkennung als gesellschaftlich nützlich - „gemein-nützig" - sollte sich nach den aktuellen gesellschaftlichen Erfordernissen richten. So wären ge-

---

[121] Es wäre vermessen, den Reformbedarf dieser komplexen Materie hier im einzelnen darstellen zu wollen. Weitergehende Empfehlungen hat die Expertenkommission zur Reform des Stiftungs- und Gemeinnützigkeitsrechts vorgeschlagen. Vgl. Bertelsmann Stiftung / Maecenata Institut 1999 (siehe Fußnote 116).

[122] Die inzwischen inkraft getretene Einkommensteuer-Durchführungsverordnung beseitigt nur die gröbsten Mängel wie das antiquierte Durchlaufspendenverfahren und enthält eine gewisse Neuordnung der steuerbegünstigten Zwecke. Sie trägt jedoch weder zu einer grundlegenden systematischen Neuordnung des Gemeinnützigkeitsrechts bei, noch beseitigt sie die Staatslastigkeit der steuerlichen Begünstigungen.

[123] Vgl. Anlage 7 der Einkommensteuer-Richtlinien sowie § 52 Allgemeine Abgabenordnung.

genwärtig z.B., in einer Zeit stagnierend hoher Erwerbslosigkeit, beschäftigungs- und arbeitsmarktpolitische Zwecke zweifellos als gemeinnützig anzuerkennen.

102. Kontrolle der Gemeinnützigkeit durch demokratische Instanzen
Die bisherige Prüfung der Gemeinnützigkeit durch die Finanzbehörden ist in mehrfacher Hinsicht nicht sachgerecht.

➢ Den Finanzbeamten wird die inhaltliche Entscheidungskompetenz über die Arbeit von Organisationen des „Dritten Sektors" zugestanden, der sie fachlich nicht gerecht werden können.

➢ Ihr hoheitlicher Auftrag, die Einnahmen des Staates zu erhöhen und Mindereinnahmen möglichst zu verhindern, führt naturgemäß dazu, dass sie das Gemeinnützigkeitsrecht im (fiskalischen) Interesse des Staates, d.h. restriktiv, anwenden.

➢ Die Finanzämter sind weder in der Lage noch befugt, neue Notwendigkeiten gemeinnütziger Arbeit zu erkennen oder gar zu fördern. Die heutige, bei der Anerkennung der Gemeinnützigkeit einer NPO zu Tage tretende staatszentrierte Kontrolle bürgerschaftlichen Engagements muss abgelöst werden durch Anerkennungsverfahren seitens einer unabhängigen, fachlich kompetenten und demokratisch legitimierten Instanz, wie dies in anderen europäischen Ländern der Fall ist.[124]

103. Abschaffung des Grundsatzes zeitnaher Mittelverwendung
Die im Gemeinnützigkeitsrecht enthaltene Vorschrift, dass die durch eine NPO eingeworbenen Mittel „zeitnah", d.h. innerhalb von maximal zwei Jahren[125], zu verwenden sind, soll bewusst die Vermögensbildung von „Dritter Sektor"-Organisationen unterbinden. Dem gleichen Zweck dient die Begrenzung des Anteils von Erträgen, die zur Bildung von Rücklagen verwendet werden dürfen, auf nur 25% derselben.[126] Diese systematischen Begrenzungen des Vermögenszuwachses nicht-staatlicher Einrichtungen qua Gesetz wirken (a) als künstliche Wachstumsbremse, insbesondere bei kleineren Stiftungen, und (b) als Hürde für eine längerfristige Finanzplanung und ein effektives Management. Der Verdacht liegt nahe, dass der Staat dadurch den finanziellen Machtzuwachs nicht-staatlicher Einrichtungen absichtlich in Grenzen zu halten versucht. Die Abschaffung des Grundsatzes zeitnaher

---

[124] In England z.B. ist das entsprechende Entscheidungsgremium eine halbstaatliche, mit unabhängigen, hochrangigen Persönlichkeiten besetzte „Charity Commission", die den NPOs den „charitable status" verleiht. Die Commission wird von unbezahlten Kräften geleitet.

[125] Genauer gesagt, müssen die in einem Geschäftsjahr erhaltenen Zuwendungen im allgemeinen im Lauf des darauf folgenden Jahres dem steuerbegünstigten Zweck zugeführt werden. Es bestehen einige Ausnahmeregelungen, z.B. für die Zuwendung von Vermächtnissen.

[126] Vgl. § 58 Abs. 7a Allgemeine Abgabenordnung. – Inzwischen wurde im neuen Stiftungssteuergesetz der rücklagefähige Anteil der Erträge für Stiftungen auf ein Drittel erhöht.

Mittelverwendung und die Erhöhung des Anteils von Erträgen zur Rücklagenbildung ist jedoch gerechtfertigt, wenn der „Dritte Sektor" den Staat bei der Bewältigung bisheriger und neuer gesellschaftliche Aufgaben zunehmend entlasten soll. Es ist auch nicht zu befürchten, dass private Zuwendungen in unzulässiger Weise „gebunkert" werden, wenn die NPOs zur Herstellung größerer Transparenz über ihr Finanzgebaren gegenüber Spendern, Mitgliedern und der Öffentlichkeit verpflichtet werden (siehe ## 86 und 90).

104. Mehr Gerechtigkeit bei der Abzugsfähigkeit von Spenden

Die Höhe der steuerlichen Entlastung durch Spenden an gemeinnützige Organisationen hängt derzeit von der Einkommenshöhe der Spendenden ab, nicht etwa von der gesellschaftlichen Sinnhaftigkeit des Spendenzwecks. Der gegenwärtige Mechanismus der Steuerentlastung ist sozial ungerecht und paradox: Besserverdienende tragen aufgrund der Steuerprogression einen geringeren Anteil der Spende selbst als gering Entlohnte mit einem niedrigeren Steuersatz. Die Orientierung am Einkommen der SpenderInnen anstatt an der Förderungswürdigkeit des Spendenzweckes widerspricht zudem allen sonstigen Regelungen im Gemeinnützigkeitsrecht. Daraus ergibt sich die Forderung nach einer besseren und sozial gerechteren Gestaltung der Steuerabzugsfähigkeit von Spenden an gemeinnützige Organisationen. Zu entwickeln wären neue Grundsätze für die steuerliche Förderung gemeinnütziger Spenden, die (a) sozial gerecht sind, und sich (b) - anstatt nach dem Einkommen der Spender - nach der gesellschaftlichen Nützlichkeit des Zweckes der Spende richten. Die Abstufung steuerbegünstigter Zwecke ist von einer unabhängigen Fachkommission zu entwickeln[127] und regelmäßig zu überprüfen.

105. Erleichterung des Sponsoring für gemeinnützige NPOs

Nach wie vor bestehen Hürden bzw. entstehen steuerliche Nachteile für NPOs, die Sponsorengelder aus der Privatwirtschaft einwerben. „Dritter Sektor"-Organisationen werden voll steuerpflichtig und verlieren ihre Gemeinnützigkeit, wenn die Einnahmen aus Sponsorengeldern die staatlich gesetzte Marke von DM 60.000 p.a. übersteigen. Diese Restriktion erweist sich als Wachstumshindernis und vereitelt eine größere Unabhängigkeit der NPOs von staatlichen Mitteln. Es empfiehlt sich, diese unnötigen Beschränkungen zu beseitigen und auf diese Weise dazu beizutragen, dass sich der - besonders in Zeiten öffentlicher Finanzknappheit von den Behörden geforderten - Eigenwirtschaftungsgrad des „Dritten Sektors" tatsächlich zu erhöhen vermag. Eine gelockerte Gesetzgebung könnte mittelfristig zu einer Ausweitung des hierzulande noch randständigen Sozio- und Ökosponsoring führen.[128]

---

[127] Dies ist derzeit der Fall innerhalb der o.g. Expertenkommission.
[128] Die früher verbreiteten Befürchtungen, das Sponsoring habe eine allzu große Einflussnahme privater Firmen auf NPOs zur Folge, haben sich mittlerweile als übertrieben herausgestellt; eine gesellschaftlich nützliche Nonprofit-Aktivität ist nicht weniger „gemeinnützig",

1.2.3 Der Reformbedarf im Arbeitsförderungsrecht

ExpertInnen und arbeitsmarktpolitische Akteure fordern seit Jahren eine umfassende Rechtsreform der deutschen Arbeitsförderung. Wesentliche, den „Dritten Sektor" betreffende Eckpunkte einer solchen Reform lassen sich auch aus unseren Forschungsergebnissen ableiten.

 # 106. *Abbau entmündigender Restriktionen für NPOs und Erwerbslose*
Vor allem zwei Regelungen des geltenden Arbeitsförderungsrechts wirken sich auf den „Dritten Sektor" nachteilig aus: das *Zuweisungsprinzip* des Arbeitsamtes im Rahmen arbeitsmarktpolitischer Maßnahmen und das Gebot der *unbeschränkten Verfügbarkeit* für den Arbeitsmarkt sowie - damit zusammenhängend - die Beschränkung von zulässiger *„ehrenamtlicher" Arbeit*.

➢ Das Zuweisungsprinzip verlangt insofern nach einer Reform, weil (a) den NPOs im Rahmen arbeitsmarktpolitischer Maßnahmen eine eigenständigere, passgenaue Personalauswahl ermöglicht werden soll und (b) den Erwerbslosen die selbstständige Suche (und Entwicklung) solcher arbeitsmarktpolitisch geförderter Arbeitsplätze erleichtert werden muss.[129]
Häufig beharren die Arbeitsämter aber auf ihrem hoheitlichen Zuweisungsmonopol in arbeitsmarktpolitische Maßnahmen, ohne dass dies sachlich geboten ist.

➢ Die Verfügbarkeitsregelung müsste insofern gelockert werden, dass sie eigenständige Aktivitäten, wie z.B. die „ehrenamtliche" Arbeit Erwerbsloser, ohne zeitliche Begrenzung erlaubt und nicht mit dem Entzug von Lohnersatzleistungen sanktioniert.[130]

Eine Reform der Arbeitsförderung hat der Erkenntnis Rechnung zu tragen, dass Phasen der Erwerbslosigkeit für alle Berufsgruppen heute zunehmend zur „normalen" Erwerbsbiographie gehören. Geht man zudem davon aus, dass erwerbslose Menschen in diesen Phasen möglichst viele eigenständige Aktivitäten entfalten sollten, um sich (a) ihre Arbeitsfähigkeit und Qualifikation zu erhalten bzw. diese weiter zu entwickeln und sich dadurch (b) wieder ins Arbeitsleben integrieren zu können, so folgt daraus die Empfehlung, die entmündigenden gesetzlichen Restriktionen aufzuheben oder wenigstens zu lockern, die solche eigenständigen Initiativen verhindern. Beide Maßnahmen

---

[129] wenn sie auch von der Privatwirtschaft als sinnvoll entdeckt und gesponsort wird.
Dabei darf es freilich nicht zu einer rein informellen Praxis der Besetzung von ABM- u.ä. Stellen kommen, die dem Gleichheitsgrundsatz widerspricht. Dennoch müssen eigenständige Bemühungen der Arbeitsuchenden sowie eine adäquate Personalauswahl erleichtert werden.

[130] Ehrenamtliche Aktivitäten verhindern nicht die Aufnahme einer angemessenen bezahlten Erwerbsarbeit. Obwohl dies so ist, darf die „ehrenamtliche" Tätigkeit eines/r Erwerbslosen gegenwärtig 15 Wochenstunden nicht übersteigen, andernfalls gilt diese/r nicht mehr als verfügbar für den Arbeitsmarkt.

können dazu beitragen, versteckte Beschäftigungslücken zu entdecken und das Selbstbewusstsein Erwerbsloser zu stärken.

107. *Verstetigung arbeitsmarktpolitischer Förderinstrumente*
Sehr häufig ist die derzeitige maximale Förderungshöchstdauer der meisten Maßnahmen zu kurz - sowohl hinsichtlich der effizienten Erfüllung des angestrebten Zweckes der geförderten Arbeit als auch - und nicht zuletzt - hinsichtlich der zu erzielenden Integrations- und Qualifikationseffekte für die geförderten Erwerbslosen. Generell sollte deshalb die Dauer von Maßnahmen der aktiven Arbeitsförderung (ABM u.a.) eine Verlängerungsmöglichkeit über ein Jahr hinaus beinhalten. Dieser Vorschlag setzt allerdings die Erkenntnis voraus, dass angesichts stagnierender Erwerbslosigkeit auf hohem Niveau auch weiterhin ein dauerhaft öffentlich geförderter Beschäftigungssektor notwendig ist.[131]

108. *Wirtschaftliche Verselbständigung von Beschäftigungsinitiativen*
Öffentlich geförderte Beschäftigungsbetriebe des „Dritten Sektors" werden auf verschiedene Weise daran gehindert, ihre eigenwirtschaftliche Basis durch marktgerechte Produkte und Dienstleistungen zu verbessern.[132] Dem gegenüber ist darauf hinzuweisen, dass es die spezifische Aufgabenstellung öffentlich geförderter Beschäftigung im „Dritten Sektor" ist, die zumeist „problematischen" Zielgruppen Erwerbsloser mit so genannten „Vermittlungshemmnissen" zu integrieren. Diese Gruppen - Langzeiterwerbslose, Ältere, Ungelernte, Menschen mit gesundheitlichen Einschränkungen und / oder sozialen Problemen - haben kaum eine Chance, im „regulären", privatwirtschaftlichen Arbeitsmarkt einen Arbeitsplatz zu finden, da sie den Produktivitätsanforderungen der Erwerbsunternehmen nicht (zu) genügen (scheinen), und da die Betriebe - trotz öffentlicher Zuschüsse - wenig geneigt sind, sie zu beschäftigen. Wenn sich gemeinnützige Beschäftigungsbetriebe des „Dritten Sektors" dieser „Problemgruppen" des Arbeitsmarktes annehmen, müssen sie auch stärker in die Lage versetzt werden, sich tragfähige wirtschaftliche „Standbeine" zu erarbeiten, die für die Schaffung dauerhafter Arbeitsplätze unerlässlich sind. Starre Marktbarrieren für gemeinnützige Beschäftigungsbetriebe widersprechen dem arbeitsmarktpolitischen Ziel der dauerhaften Reintegration Erwerbsloser in das Arbeitsleben.

---

[131] Die aktuell zu beobachtende Tendenz, die öffentlich geförderte Beschäftigung im „Dritten Sektor" grundsätzlich in Frage zu stellen und insbesondere das Instrument ABM als „zu teuer" abzubauen, ändert nichts an der o.g. fachlichen Einschätzung.

[132] Diesen Marktbarrieren liegt das Motto zu Grunde: „Eine Konkurrenz zum privatwirtschaftlichen Sektor muss verhindert werden". Lediglich punktuell (und besonders in einigen Regionen Ostdeutschlands) findet tatsächlich eine stärkere Konkurrenz zwischen Unternehmen des erwerbswirtschaftlichen und des Nonprofit-Sektors mit Verdrängungswirkungen statt.

 # 109. Verbesserung von Marktzugang und Wettbewerbschancen für NPOs
Als hauptsächliche Marktbarriere für gemeinnützige Beschäftigungsträger erweisen sich die als Voraussetzung für die Bewilligung arbeitsmarktpolitischer Maßnahmen (wie z.B. ABM) notwendigen „Unbedenklichkeitsbescheinigungen" für Nonprofit-Aktivitäten. Diese Bescheinigungen müssen von den Fachverbänden des jeweiligen Gewerbes ausgestellt werden. Sie stellen aber eine Art Duldung dar, die gemeinnützigen Betrieben im allgemeinen nur in kleinen Marktsegmenten gewährt wird, wo das Wirtschaften für private Unternehmen wenig lukrativ ist. Statt dieser einseitigen Bewertung durch gewerbliche Wirtschaftsverbände bedarf es einer breiteren gesellschaftlichen Diskussion aller arbeitsmarktpolitisch relevanten Akteure in einer Region, um regulierend in Märkte einzugreifen und dabei alle wesentlichen Gesichtspunkte zu berücksichtigen. Damit verbunden ist der Vorschlag einer neuen Bewertung von Arbeit, die nicht nur die Art der Aneignung - profitwirtschaftlich oder gemeinwirtschaftlich - betont, sondern auch andere Kriterien berücksichtigt, wie z.B. den gesellschaftlichen Nutzen und Gesichtspunkte der Effektivität.[133] Durch lokale und regionale Vernetzung und Kooperation zwischen regulären Marktanbietern, NPOs im Bereich der Beschäftigungsförderung und staatlichen Instanzen sind schädliche Verdrängungseffekte zu vermeiden. Der Marktzugang für NPOs darf nicht einseitig versperrt und Konkurrenz nicht prinzipiell verhindert werden.

1.2.4 Änderungsbedarf im Gewerberecht

 # 110. Den Meisterzwang der Handwerksordnung lockern
Für eine Reihe von NPOs erweist sich die als Qualitätsgarant deutscher Produkte gerühmte Handwerksordnung - nicht nur, aber in besonderem Maße - als nachteilig. Vor allem der als Voraussetzung für die wirtschaftliche Selbstständigkeit und die Ausbildungsberechtigung vorgeschriebene Meisterzwang erweist sich als Hürde für Existenzgründungen - und damit auch für die Schaffung von Arbeits- und Ausbildungsplätzen. Betroffen sind hiervon gerade jene produktiven Bereiche des „Dritten Sektors", die durch die Herstellung marktfähiger Güter unter nicht profitwirtschaftlichen Bedingungen gute Chancen auf eine dauerhafte Existenz hätten. Deshalb empfiehlt sich im Interesse von Arbeits- und Ausbildungsplätzen im „Dritten Sektor" zumindest eine Lockerung des Meisterzwangs.

---

[133] Mit dieser Thematik eröffnen sich zahlreiche grundsätzliche Fragen (beispielsweise hinsichtlich der Zukunft der Erwerbsarbeit und der Rolle der verschiedenen Arbeitsformen), die an dieser Stelle nicht behandelt werden können. Auch die Frage der Bewertung und Verteilung staatlicher Subventionen für die Privatwirtschaft einerseits und die Nonprofit-Wirtschaft andererseits ist hier angesprochen.

2. Empfehlungen zur Beschäftigungsförderung

Zur unmittelbaren Förderung von Erwerbsarbeitsplätzen im „Dritten Sektor" sind eine Reihe von Maßnahmen vorstellbar und wünschenswert - vorausgesetzt, dass sie bestimmte qualitative Kriterien berücksichtigen, wie z.B. das Merkmal gesellschaftlich sinnvoller Arbeitsfelder und Tätigkeiten, einer angemessenen Entlohnung und der Freiwilligkeit der Beschäftigungsaufnahme. Nachfolgend sollen, anknüpfend an unsere Forschungsergebnisse, drei Handlungsperspektiven hervorgehoben werden, die bei der Beschäftigungsförderung im Nonprofit-Sektor besondere Bedeutung haben: die Konsolidierung und Verstetigung bereits existierender Beschäftigungsprojekte (2.1), die Förderung der Erwerbsarbeit in neuen Arbeitsfeldern (2.2) sowie die Verknüpfung von Arbeits- und Wirtschaftsförderung (2.3). In einem anschließenden Exkurs (2.4) wird auf die Frage eingegangen, wie sich die vorgeschlagenen Empfehlungen finanziell auf die öffentlichen Haushalte auswirken.

2.1 Konsolidierung bestehender Beschäftigungsprojekte

Bei der Empfehlung zur Konsolidierung und Verstetigung bereits bestehender Beschäftigungsprojekte im „Dritten Sektor" handelt es sich darum, die bewährten Strukturen abzusichern und die Nonprofit-Betriebe durch verbesserte rechtliche Rahmenbedingungen (siehe 1.) wirtschaftlich selbstständiger zu machen. Die Wirksamkeit der Wettbewerbsbedingungen sowie der Marktmechanismen von Angebot und Nachfrage kann durch die öffentliche Hand in Kooperation mit den lokalen Akteuren nach gesellschaftlich wünschenswerten Gesichtspunkten (Stichwort: sozialer Ausgleich) sinnvoll gesteuert werden. Eine dauerhafte wirtschaftliche Existenz im „Dritten Sektor" (bzw. im Übergangsbereich vom Nonprofit- zum Erwerbssektor) setzt Maßnahmen in den folgenden Bereichen voraus:

 # 111. Wirtschaftliche Verselbstständigung
Den Betrieben des sogenannten Zweiten Arbeitsmarktes muss die Chance gegeben werden, wirtschaftlich selbstständig zu werden. Zu diesem Zweck ist es notwendig, die Reformen der rechtlichen Rahmenbedingungen in Angriff zu nehmen, d.h. v.a. den Marktzugang und die Rücklagenbildung zu erleichtern, die Fehlbedarfsfinanzierung zu überwinden (siehe # 98) und das Gemeinnützigkeitsrecht zu modernisieren (siehe ## 100 bis 105).

 # 112. Verstetigung der Förderung
In der Arbeitsförderung ist eine Abkehr von der bisherigen „Stop and Go"-Politik geboten. Das bedeutet, die arbeitsmarktpolitische Förderung durch

mehrjährige „Förderketten" für benachteiligte Erwerbslose zu verstetigen und im Rahmen der arbeitsmarktpolitischen Finanzierungen mehr Planungssicherheit zu gewährleisten.

113. *Öffentliche Ko-Finanzierung des Stammpersonals*
Um die Kontinuität und Effektivität der Arbeit sicherzustellen, ist in den Beschäftigungsprojekten des „Dritten Sektors" eine dauerhafte öffentliche Ko-Finanzierung des Stammpersonals erforderlich.

2.2 Förderung der Erwerbsarbeit in neuen Arbeitsfeldern

114. *Neue Arbeitsfelder im „Dritten Sektor"*
Im „Dritten Sektor" existieren neben den beschäftigungsintensiven Bereichen des Sozial- und Gesundheitswesens auch solche, die sich bisher als wenig beschäftigungswirksam erwiesen haben. Dabei handelt es sich um Handlungsfelder, in denen sich ein wachsender gesellschaftlicher Bedarf abzeichnet. Aus diesem Grunde empfiehlt es sich, diese Bereiche durch eine gezielte Politik rechtlich und finanziell zu unterstützen und für sie beispielsweise die Instrumente der Arbeitsförderung (ABM, SAM u.a.) stärker zu öffnen.[134] Als neue bzw. beschäftigungswirksam auszubauende Arbeitsfelder für sinnvolle Erwerbsarbeitsplätze im „Dritten Sektor" bieten sich insbesondere folgende Dienstleistungsbereiche an:
➢ *Dienstleistungen im Sportbereich*, verbunden mit gesundheitsfördernden Angeboten für bestimmte Zielgruppen (z.B. für SeniorInnen; Stichwort: „Wellness");
➢ *Dienstleistungen im Kultur- und Freizeitbereich*, z.B. flexibel nutzbare Angebote zur Knüpfung sozialer Kontakte, zur Belebung des Gemeinwesens und/oder zur Stimulierung kultureller Aktivitäten;[135]
➢ *häusliche Dienstleistungen im Kinder- und Pflegebereich und der Hauswirtschaft*;[136]
➢ *Dienstleistungen im Umweltbereich*, insbesondere ökologische Verbraucherberatung und -information.[137]

---

[134] Dies setzt allerdings auf Seiten der in diesen Arbeitsfeldern aktiven NPO-Verantwortlichen die Erkenntnis voraus, dass ihre Organisationen auch eine beschäftigungspolitische Funktion erfüllen können und sich aus der Einstellung hauptamtlicher MitarbeiterInnen wichtige Impulse für die Organisation selbst ergeben.

[135] Ein in Zukunft erhöhter Bedarf solcher Angebote ergibt sich aus den „Megatrends" zunehmender Individualisierung und (beruflich bedingter) Mobilität, die zu einer Auflösung gewachsener sozialer Bindungen führen.

[136] Aufgrund der in der vorausgehenden Fußnote genannten Trends sind hier ebenfalls Bedarfszuwächse zu erwarten.

[137] Aufgrund der zunehmenden Unübersichtlichkeit von Produkten und Produktionsprozessen (Stichwort: Gentechnologie) sowie wachsender Sensibilität für schädigende Wirkungen

 # 115. Erforderliche Anschubfinanzierungen
Zur Markterschließung dieser neuen Angebote ist vielfach eine öffentliche Anschubförderung notwendig. Zudem dürfte eine einkommensabhängige Kundenförderung für bestimmte Angebote im öffentlichen Interesse liegen, um einkommensschwache KundInnen nicht zu benachteiligen. Ziel muss es sein, ein jeweils spezifisches Mischungsverhältnis aus privater Finanzierung und öffentlicher Förderung zu erreichen, das die langfristige Weiterentwicklung der Angebote sicherstellt. Dabei sollen Marktmechanismen zugunsten qualitativ guter und zugleich kostengünstiger Angebote wirksam werden. Teilweise könnte die öffentliche Förderung auch arbeitsmarktpolitisch konditioniert werden, indem sie an die Bedingung geknüpft wird, zu einem bestimmten Anteil benachteiligte Gruppen Erwerbsloser zu beschäftigen.[138]

2.3 Verknüpfung von Arbeits- und Wirtschaftsförderung

Um das Ziel der Schaffung von Erwerbsarbeitsplätzen im „Dritten Sektor" zu erreichen, ist es außerdem notwendig, dass Nonprofit-Organisationen grundsätzlich dieselben Förderinstrumente nutzen können, wie sie dem For-profit-Bereich zur Verfügung stehen. Die unterschiedlichen Funktionen und Charakteristika der verschiedenen Arbeitsmärkte und Wirtschaftsweisen sind grundsätzlich als gleichwertig anzuerkennen. Die folgenden Vorschläge tragen bei zur Erweiterung und Stabilisierung der Finanzbasis von NPOs, zur Öffnung von Marktzugängen sowie zu einer erhöhten Marktfähigkeit der Angebote. Damit gewährleisten sie zugleich die Schaffung bezahlter Arbeitsplätze, insbesondere beim Übergang zwischen der gemeinnützigen und der marktwirtschaftlichen Produktion von Dienstleistungen und Gütern.

 # 116. Verzahnung von Arbeitsmarktpolitik und Wirtschaftsförderung
Kooperative Initiativen und Nonprofit-Betriebe haben in der Regel keinen

---

von Produkten nimmt das Bedürfnis nach unabhängiger Information und Beratung zu. Nonprofit-Organisationen sind genuin dafür geeignet, diese Bedürfnisse abzudecken. Neben der Verbraucherberatung könnte auch der Bedarf nach unabhängiger und kompetenter Beratung von Seiten der produzierenden Industrie künftig relevanter werden, sofern die gesetzlichen Rahmenbedingungen dies begünstigen (drohende Sanktionen für Verstöße gegen Umweltgesetze).

[138] Ein interessantes Beispiel für eine am lokalen Bedarf und den BürgerInneninteressen orientierte Förderung neuer beschäftigungsfördernder Angebote im Nonprofit-Sektor bieten die Projekte des Modellvorhabens „Gemeinwohlorientierter Arbeitsförderprojekte" (GAP) in Mecklenburg-Vorpommern. Wesentlich ist hierbei jedoch, dass in der Modellphase die Grundlagen für eine später wirtschaftlich weitgehend selbständige Existenz gelegt werden bzw. eine dauerhafte öffentliche Ko-Finanzierung in Teilbereichen erfolgt. Nähere Ausführungen über das Modellprojekt GAP finden sich im englischen Abschlußbericht („Final German Country Report"). Siehe auch Ministerium für Arbeit und Bau Mecklenburg-Vorpommern 1998.

Zugang zu staatlich geförderter Existenzgründungsberatung und zu zinsgünstigen Krediten. Eine Öffnung solcher Hilfen, die betriebswirtschaftliche Kenntnisse und eine solide Finanzplanung samt Anschubkrediten vermitteln, würde die wirtschaftlich tragfähige Basis von Nonprofit-Organisationen stärken und sie damit tendenziell unabhängiger von dauerhafter staatlicher Förderung machen. Es empfiehlt sich deshalb, die arbeitsmarktpolitischen Instrumente mit den Instrumenten der Wirtschaftsförderung stärker zu verzahnen. Damit wird gleichermaßen sowohl die effektive Erfüllung gesellschaftlich nützlicher Aufgaben unterstützt, als auch die Schaffung neuer Arbeitsplätze.[139] Die bisher vorgenommene strikte Trennung, dass bestimmte arbeitsmarktpolitische Instrumente nur im Nonprofit-Sektor Anwendung finden, während bestimmte Instrumente der Wirtschaftsförderung strikt an die For-Profit-Ausrichtung gebunden sind, ist überholt und wird der Tatsache nicht gerecht, dass plurale Ökonomien mit unterschiedlichen Wirtschaftsweisen bestehen.[140]

 # 117. Einbindung von Banken und Förderstiftungen
Zur Stärkung der Finanzbasis im Nonprofit-Bereich empfiehlt sich die Entwicklung und Unterstützung von Modellen, welche die Banken und Förderstiftungen stärker in ihre gesellschaftliche Verantwortung einbinden. Auf die Unterstützung gemeinnütziger Zwecke gerichtete Kooperationen zwischen Banken und Förderstiftungen sind sinnvoll, obgleich sie sich nicht staatlich verordnen lassen. Eine in Deutschland noch kaum diskutierte, ordnungspolitisch vermutlich noch umstrittene, Lösung wäre die gesetzliche Verpflichtung der Banken, einen bestimmten Anteil ihrer Erträge für Gemeinwohlzwecke als zinslose Kredite, z.B. in einem revolvierenden Fonds, zur Verfügung zu stellen.[141]

2.4 Exkurs: Kosteneffekte der Maßnahmepfehlungen

Zusätzlich zu unserer Befragung und der Entwicklung beschäftigungswirksamer Empfehlungen, welche aus der Analyse der Interviewdaten hervorgegangen sind, wurde im Rahmen des NETS-Projekts der Versuch unternommen, die Kosteneffekte der vorgeschlagenen Maßnahmen abzuschätzen und ihre Auswirkungen auf die öffentlichen Haushalte zu klären. Dabei war zunächst

---

[139] Ansätze z.B. von Erwerbslosen zur aktiven Selbstorganisation in Kooperativen und anderen Organisationsformen mit langfristiger Beschäftigungsperspektive würden dadurch gestärkt werden - eine ausgezeichnete Alternative zu den oft sinnentleerten „Maßnahmekarrieren" in fremdbestimmten Trägerstrukturen.
[140] Es ist z.B. nicht einsichtig, warum staatliche Unterstützungen für die Gründung selbstständiger Existenzen im Allgemeinen ausschließlich Einzelpersonen mit erwerbswirtschaftlichen Zielen zur Verfügung stehen.
[141] Ähnliche Verpflichtungen existieren z.B. bereits in den USA.

zu unterschieden zwischen den gesetzlichen Reformen einerseits und den direkten, arbeitsmarktpolitisch relevanten Fördermaßnahmen andererseits. Was letztere betrifft, können sowohl die öffentlichen Maßnahmen zur unmittelbaren Beschäftigungsförderung als auch die indirekt beschäftigungswirksamen Maßnahmen zur Ausweitung der öffentlichen Nachfrage zusätzliche Kostenbelastungen der öffentlichen Hände zur Folge haben. Um den Umfang dieser Effekte bestimmen zu können, wurde versucht, exemplarische Kostenberechnungen vorzunehmen. Obgleich es uns nicht möglich war, sämtliche politische Vorschläge ausreichend zu operationalisieren und kostenmäßig für die gesamte Bundesrepublik zu evaluieren, konnten wir für einige wichtige Reformvorschläge in exemplarischen Fallstudien annäherungsweise Ergebnisse erzielen. In einem weiteren Schritt wurde abschließend die Frage zu klären versucht, ob der „Dritte Sektor" durch die empfohlenen Fördermaßnahmen, wenn man sie mit den Ausgaben zur staatlichen Förderung der Privatwirtschaft vergleicht, in unangemessener Weise privilegiert wird oder nicht.

Die exemplarischen Kostenkalkulationen wurden in den zwei Städtestaaten Berlin und Bremen vorgenommen, die sich aufgrund gewisser struktureller Gemeinsamkeiten (aber auch Unterschiede) besonders eigneten.[142] Untersucht wurden einerseits zwei der wichtigsten in den Fragebogenergebnissen auftauchenden politischen Forderungen: „Ausweitung der öffentlich geförderten Beschäftigung" sowie „Ausweitung der öffentlichen Nachfrage" (siehe # 68). Andererseits wurde ein ungefährer quantitativer Vergleich der in den „Dritten Sektor" fließenden öffentlichen Mittel mit der Summe öffentlicher Fördergelder für den erwerbswirtschaftlichen Sektor vorgenommen.[143] Im folgenden werden die Ergebnisse unserer Untersuchungen kurz zusammengefasst:

 # 118. Die 'Kostenneutralität' der Reform rechtlicher Grundlagen
Unsere Empfehlungen, die rechtlichen Rahmenbedingungen des „Dritten Sektors" und den Status der NPOs in der Funktion des 'Arbeitgebers' zu verbes-

---

[142] Die strukturellen Gemeinsamkeiten bestehen zum einen in ihrer Besonderheit als Stadtstaaten, zum anderen in der hohen Arbeitslosigkeit (Berlin rund 18%, Land Bremen rund 15% im September 1999). Für die Auswahl Berlins sprach zudem die Möglichkeit, hier zugleich die spezifische ostdeutsche Situation einbeziehen zu können (teils andere Förderprogramme und -bedingungen, andere Versorgungsstandards u.a.m.).

[143] Die Teilstudien wurden teilweise von Werkvertragspartnern vorgenommen: In Berlin wurde die Untersuchung durch Oliver Sargatzky, beratender Betriebswirt an der TU Berlin, durchgeführt. In Bremen war der Arbeitsmarktexperte Paul M. Schröder, Institut für Arbeitsmarktforschung und Jugendberufshilfe e.V., für den Untersuchungsteil über die öffentliche Beschäftigungsförderung verantwortlich. Die Untersuchung der Fragestellung nach einer Ausweitung der öffentlichen Nachfrage in Bremen wurde von der Autorin als wissenschaftliche Mitarbeiterin des NETS-Projektes durchgeführt. Eine ausführlichere Zusammenfassung der Teilstudien ist im englischen Abschlußbericht enthalten. Die Teilstudien selbst liegen in deutscher Sprache vor.

sern (siehe III.1, ## 84 bis 110) beinhalten im Wesentlichen Reformvorschläge, die sich als weitgehend 'kostenneutral' erweisen. Abgesehen von den 'politischen Kosten', die der öffentliche Meinungsbildungs- und Entscheidungsprozess den AkteurInnen in Parlamenten und Verwaltungen abverlangt, entstehen keine unmittelbaren Auswirkungen auf die Mittelverteilung in den öffentlichen Haushalten. Eine monetäre Kostenkalkulation ist hinsichtlich der Reform gesetzlicher Rahmenbedingungen deshalb nicht erforderlich.

 # 119. Höhe und Veränderung des Zuflusses von Fördermitteln
Die in einem ersten Schritt durchgeführte quantitative Bestandsaufnahme der aktiven Arbeitsmarktpolitik[144] bestätigte in Bezug auf den „Dritten Sektor" einerseits deren große Bedeutung für die Finanzierung der Erwerbsarbeit im Nonprofit-Bereich.[145] Sie zeigte andererseits aber auch, dass sich das Gewicht der bislang wichtigsten Förderinstrumente (Arbeitsbeschaffungs- und Strukturanpassungsmaßnahmen) zunehmend auf den erwerbswirtschaftlichen Sektor verschiebt.[146] Eindeutig nachweisbar waren zudem extreme Schwankungen in der Höhe der bereitgestellten öffentlichen Mittel für die aktive Arbeitsmarktpolitik. Diese Veränderungen sind u.a. unmittelbares Ergebnis und Ausdruck der jeweiligen politischen „Großwetterlage": In den zurückliegenden (Bundestags-)Wahljahren wuchsen die Mittel stets an, um allerdings im darauf folgenden Jahr wieder spürbar zurückzugehen.

 # 120. Kosten einer aktiven Arbeitsmarktförderung im „Dritten Sektor"
Die angestellte fiskalische Kosten-Nutzen-Kalkulation von arbeitsmarktpolitischen Fördermaßnahmen ergab Folgendes: Die fiskalische Mehrbelastung, die im Rahmen einer aktiven Arbeitsmarktpolitik für ein neues Beschäftigungsverhältnis in Rechnung zu stellen ist, beträgt im Durchschnitt jährlich rund 40.000 Mark.[147] Bei einer Ausweitung öffentlich geförderter Erwerbsbe-

---

[144] Einbezogen wurden nur die (freiwilligen) Ermessensleistungen der Bundesanstalt für Arbeit sowie Landes- und EU-Programme und das kommunale Programm „Hilfe zur Arbeit" (BSHG 19). Ausgeschlossen aus der Analyse waren somit die Pflichtleistungen nach SGB III wie z.B. die Eingliederungshilfe für Behinderte.

[145] So lag der Anteil der durch aktive Arbeitsfördermittel finanzierten, sozialversicherungspflichtigen Angestellten bei den „Organisationen ohne Erwerbszweck" (der statistischen Hilfsgröße für den „Dritten Sektor") bei 28%, in Berlin sogar bei 38% (1998).

[146] Zu beobachten war ein starker Anstieg von Strukturanpassungsmaßnahmen (SAM) im erwerbswirtschaftlichen Sektor bei gleichzeitigem Rückgang von Arbeitsbeschaffungsmaßnahmen im „Dritten Sektor". Diese Entwicklung ist im Zusammenhang sowohl einer veränderten „Philosophie" aktiver Arbeitsmarktpolitik zu sehen, als auch einer unterschiedlich starken fiskalischen Belastung des Bundes durch diese beiden Förderinstrumente. In der Teilstudie von Schröder sind die durchschnittlichen fiskalischen Be- und Entlastungswirkungen von ABM/SAM für die verschiedenen Kostenträger enthalten (vgl. Schröder 1999).

[147] Berechnet wurden einerseits die Kosten der durchschnittlichen Lohnersatzleistungen, andererseits die durchschnittlichen Kosten für Arbeitsbeschaffungs- und Strukturanpassungsmaßnahmen auf der Basis der in Bremen erhobenen Daten. Da in der Bremer Studie

schäftigung würden demnach z.B. für 100.000 zusätzliche, öffentlich geförderte Arbeitsplätze im „Dritten Sektor" jährliche Mehrbelastungen der Haushalte in Höhe von ca. DM 4,0 Mrd. entstehen. Daraus folgt einerseits, dass die Gleichung, „Arbeit zu finanzieren statt Arbeitslosigkeit", rechnerisch nicht aufgeht - zusätzliche Erwerbsarbeit ist nicht zum „Nulltarif" zu haben. Andererseits berücksichtigt diese fiskalische Kostenrechnung noch nicht die indirekten Einnahmen der öffentlichen Haushalte, welche sich aus dem volkswirtschaftlichen Nutzen einer gesamtgesellschaftlich steigenden Erwerbstätigenquote ergeben.[148]

121. *Kosten einer Ausweitung der öffentlichen Nachfrage - ein Beispiel*
Die politische Forderung nach einer Steigerung der öffentlichen Nachfrage wurde in der Weise operationalisiert, dass die bedarfsgerechte Ausweitung der öffentlichen, außerhäuslichen Kinderbetreuung sowie der entsprechenden Kosten- und Beschäftigungseffekte untersucht wurden. Auch hierbei wurde zunächst eine Bestandsaufnahme der bestehenden, altersgruppenspezifischen Versorgungssituation sowie des geschätzten zusätzlichen Bedarfs an öffentlicher Kinderbetreuung in den beiden Stadtstaaten vorgenommen. Im Ergebnis zeigte sich, dass insbesondere für die Altersgruppen der Kleinkinder im Alter von 0 bis 3 Jahren sowie der Schulkinder im Alter von 6 bis 10 Jahren - zumindest in den westlichen Bundesländern - eine erhebliche Versorgungslücke an öffentlichen Betreuungsplätzen besteht. Zusätzlicher Bedarf besteht ebenfalls bei den Kindergartenkindern (3 bis 6 Jahre) hinsichtlich einer Ausweitung des zeitlichen Betreuungsumfangs (von täglich vier auf sechs Stunden). Für Bremen wurde ein Minimum an rund 3200 zusätzlichen Betreuungsplätzen geschätzt, für die auf der Basis geltender Betreuungsschlüssel mindestens zusätzliche 360 Personalstellen in Vollzeit notwendig wären. Bei in etwa bedarfsgerechtem Ausbau wären sogar 500 Personalstellen erforderlich. Eine Hochrechnung des Bedarfs auf die westlichen Bundesländer[149] ergab einen

---

die Sozialversicherungsbeiträge u.a. Lohnnebenkosten nur pauschal grob geschätzt werden konnten, liegt der Betrag erheblich über einem Vergleichsbetrag von DM 11.400 durchschnittlichen Nettokosten für geförderte Beschäftigung, der auf Basisdaten des Instituts für Arbeitsmarkt- und Berufsforschung beruht (30% der durchschnittlichen Kosten pro Arbeitsloser in Höhe von DM 38.000; diese Berechnung bezog die von den Beschäftigungsträgern zu erbringenden Regiekosten nicht ein. Vgl. IAB 1998).

[148] Z.B. Mehreinnahmen aus Steuern und Sozialversicherungsbeiträgen, Kaufkraftsteigerung, Vermeidung psychosozialer Folgekosten von Erwerbslosigkeit, Produktivitätsgewinne, Multiplikationseffekte durch Stimulierung von Beschäftigungseffekten im privatwirtschaftlichen Sektor.

[149] Die Berliner Studie ergab ein noch immer erheblich höheres Versorgungsniveau an Kinderbetreuungsplätzen im östlichen Stadtteil, der auf das historisch gewachsene hohe Niveau öffentlicher Kinderbetreuung in der DDR zurückgeht. Aus diesem Grund legten wir für eine Kostenkalkulation nur der westlichen Bundesländer die (höheren) Bedarfszahlen in Bremen zugrunde. Diese Kalkulation kann selbstverständlich nur Annäherungswert haben, da von regionalen Unterschieden auch in den westlichen Ländern auszugehen ist. Dennoch

zusätzlichen Bedarf von rund 350.000 Betreuungsplätzen und rund 47.000 neuen Personalstellen (Vollzeit). Hierfür würden auf der Basis der Bremer Zahlen Kosten in Höhe von rund DM 3,2 Mrd. anfallen, wobei allerdings die gegenzurechnenden Kostenbeiträge der Eltern noch nicht berücksichtigt wurden. Für die Finanzierung dieses Personalbedarfs liegen entsprechende Modelle vor. – Festzustellen ist somit, dass eine Ausweitung der öffentlichen Nachfrage auf der Basis eines realen gesellschaftlichen Bedarfs ebenfalls zur Schaffung von Arbeitsplätzen im „Dritten Sektor" beitragen würde.[150]

122. *Arbeitsförderung im „Dritten Sektor" schafft keine Privilegierung*
Unsere Frage nach dem quantitativen Vergleich der in den „Dritten Sektor" einerseits und den erwerbswirtschaftlichen Sektor andererseits fließenden öffentlichen Fördermittel war aufgrund des unzureichenden Datenmaterials am schwierigsten zu beantworten. Nicht nur die uneinheitliche Definition von „Subventionen" seitens der Behörden und der Finanzwissenschaft, sondern vor allem das sehr lückenhafte öffentlich zugängliche Material über die der Privatwirtschaft zufließenden Fördermittel verhinderten eine umfassende Analyse. Vorgenommen wurde deshalb ein Vergleich auf der Basis der im Berliner Haushalt aufgeführten direkten Subventionen[151] der Privatwirtschaft einerseits mit den gesamten, in einem aktuellen Senatsbericht aufgeführten öffentlichen Mitteln für den „Dritten Sektor" andererseits.[152] Das Ergebnis des Vergleichs zeigt, dass die Frage verneint werden kann, ob der „Dritte Sektor" aufgrund zusätzlicher arbeitsmarktpolitischer Fördermaßnahmen bzw. durch die Ausweitung der öffentlichen Nachfrage in einem nicht zu vertretenden Umfang Konkurrenzvorteile genießt. Die vorhandenen Daten lassen – soweit überhaupt ermittelbar – darauf schließen, dass die dem „Dritten Sektor" bisher zuteil gewordenen arbeitsmarktpolitischen Fördermittel auf keinen Fall höher zu Buche schlagen als die vom Staat zur Förderung der gewinnorientierten gewerblichen Wirtschaft bereitgestellten öffentlichen Mittel. Außerdem kann behauptet werden, dass arbeitsmarktpolitische Instrumente, wie die Ausweitung der öffentlichen Nachfrage eines darstellt, nicht notwendigerweise zu Lasten der gewerblichen Wirtschaft gehen.

---

[150] bestätigte der Zehnte Kinder- und Jugendbericht der Bundesregierung (BMFSJ 1998) unsere Schätzungen im großen und ganzen. Zu Details der o.g. Kalkulationen vgl. Betzelt 1999. Einen erheblichen unbefriedigten Bedarf an öffentlicher Kinderbetreuung konstatieren auch andere empirische Studien wie z.B. des Deutschen Jugendinstituts (DJI 1998) oder die dem 10. Jugendbericht zugrundeliegenden Erhebungen (BMFSJ 1998).

[151] Nicht berücksichtigt wurden somit steuerliche Abschreibungen u.ä. indirekte Vergünstigungen sowie der Nutzen aus öffentlichen Infrastrukturmaßnahmen (z.B. Gewerbeflächen, Straßenbau u.ä.).

[152] Vgl. Sargatzky 1999. In Bremen erwies sich die Datenlage als noch weitaus unbefriedigender, weshalb auf einen Vergleich verzichtet werden musste.

Kapitel IV. Erwerbsarbeit im deutschen „Dritten Sektor": Ein Fazit

Mit Blick auf die Perspektiven der Erwerbsarbeit im deutschen „Dritten Sektor" vermitteln unsere Forschungsergebnisse ein differenziertes Bild. Im Untersuchungszeitraum war das Beschäftigungswachstum bei den Nonprofit-Organisationen nicht mehr in dem Maße beeindruckend, wie es in den vorangegangenen Jahrzehnten der Fall war. In manchen Tätigkeitsfeldern ist eher eine stagnierende oder sogar rückläufige Tendenz zu beobachten. Die zukünftigen Beschäftigungsaussichten dürften aufgrund unserer Analysen in erster Linie von Entscheidungen auf Seiten der Politik abhängen. Ausschlaggebend für die Schaffung von Erwerbsarbeitsplätzen im „Dritten Sektor" ist sowohl die Setzung sozial- und arbeitsmarktpolitischer Prioritäten, die insbesondere auf Bundesebene zu erfolgen hat, als auch der politische Wille und die Fähigkeit zur Reform der rechtlichen Rahmenbedingungen, unter denen Nonprofit-Organisationen agieren.

Hinsichtlich der sozial- und arbeitsmarktpolitischen Prioritäten geht es nicht um die einfache Subventionierung von 'Jobs' im Nonprofit-Sektor, sondern um grundsätzliche Weichenstellungen in der Frage, ob sich der Staat verpflichtet, seine Verantwortung insbesondere für Soziale und ökologische Dienstleistungen entsprechend des gesellschaftlichen Bedarfs wahrzunehmen. In einer Reihe von gesellschaftlichen Bereichen, in denen die Bedarfe nach qualitativen Angeboten nicht gedeckt sind (z.B. in der öffentlichen Kinderbetreuung), bestehen potenzielle Tätigkeitsfelder für Nonprofit-Aktivitäten, durch deren Ausbau zahlreiche neue, qualifizierte Arbeitsplätze entstehen können. Um diese neuen Beschäftigungspotenziale zu erschließen und zu nutzen, ist allerdings ist eine öffentliche (Ko-)Finanzierung unverzichtbar; denn der größte Teil der „traditionellen" Wohlfahrtsleistungen ist nicht in einem Ausmaß vermarktbar, um sie aus den Erlösen ihres Verkaufs finanzieren zu können.

Wenn die Regierungen von Bund, Ländern und Kommunen weiterhin prioritär eine Politik der Haushaltskonsolidierung verfolgen, die zu Lasten der Sozialpolitik geht, ist der Wohlfahrtsbereich des „Dritten Sektors" sowohl durch Arbeitsplatzverluste bedroht, als auch durch einen sinkenden Qualitätsstandard der Leistungen, insbesondere zum Nachteil der Nutzergruppen mit niedrigem Einkommen. Denn der einzige Ausweg für die Anbieter wäre dann eine Beschränkung auf die Produktion von Dienstleistungen in solchen Teilbereichen, in denen zahlende Nutzer zu finden sind.

Der andere, für die Zukunft der Erwerbsarbeit im „Dritten Sektor" nicht minder wichtige Faktor ist die Reform der rechtlichen Rahmenbedingungen. Sie beinhaltet die Notwendigkeit, verlässliche, effiziente und angemessene langfristige Bedingungen für die Arbeit von Nonprofit-Organisationen zu schaffen. Zahlreiche Reformnotwendigkeiten wurden festgestellt und entsprechende Vorschläge entwickelt, die dem „Dritten Sektor" eine größere Unabhängigkeit vom Staat ermöglichen und seine Selbstorganisation und -finanzierung stärken würden. Diese Reformen stehen auf der politischen Agenda - sowohl vor dem Hintergrund eines zunehmenden Rückzuges des Staates aus gesellschaftlicher Verantwortung, als auch im Hinblick auf eine dringend notwendige Modernisierung der Beziehungen zwischen Staat und Nonprofit-Sektor.

Von der prekären Situation der traditionellen Wohlfahrtsbereiche des „Dritten Sektors" abgesehen, konnten neue (mögliche) Leistungsbereiche mit Erwerbsperspektiven aufgezeigt werden. Dies gilt insbesondere für viele Tätigkeitsfelder in den Bereichen des Sports und der Freizeit, der Gesundheitsvor- und -fürsorge, der Kultur und der Ökologie. In diesen Tätigkeitsfeldern ist die Entwicklung neuer Produkte und Dienstleistungen zu erwarten, mit denen sich auch Einnahmen von zahlungskräftigen Kunden erwirtschaften lassen.

Allerdings müssen sich NPOs in diesen neu zu erschließenden Dienstleistungsbranchen (wie auch zunehmend im Wohlfahrtsbereich) dem Wettbewerb mit erwerbswirtschaftlichen Betrieben gewachsen zeigen. Eine Modernisierung der internen Strukturen - institutionalisierte und wirksame Partizipation von NutzerInnen und MitarbeiterInnen, adäquates Personalmanagement und Weiterbildung (auch in den traditionellen Bereichen des „Dritten Sektors") - sind hierfür zwar nicht die einzigen, aber definitiv notwendige Voraussetzungen, um auf Seiten der Nonprofit-Organisationen in diesem Wettbewerb zu bestehen.

Angesichts unserer Prognose, dass der „Dritte Sektor" über markante Beschäftigungspotenziale verfügt, darf zum Schluss aber nicht außer Acht gelassen werden, dass die Schaffung von Arbeitsplätzen nicht zu den genuinen Zielen der intermediären Organisationen gehört. Zahlreiche NPOs werden sich auch weiterhin auf ihre ausschließlich freiwillige, unbezahlte Tätigkeit beschränken und widerstehen damit den allgemeinen Trends der Professionalisierung und Marktorientierung in der Gesellschaft - und das ist gut so. Im übrigen können die aufgezeigten Beschäftigungsperspektiven auch nicht das Herzstück einer effektiven Politik gegen die Massenerwerbslosigkeit bilden - schon allein mit Rücksicht auf die quantitativen Grenzen des „Dritten Sektors".

Die von uns vorgeschlagenen Reformen sind deswegen jedoch keinesfalls unwichtig oder überflüssig, sondern sie legitimieren sich durch die folgenden, auch synergetisch wirkenden positiven Effekte:
- ➤ die Entstehung einiger Zehntausende neuer, qualifizierter Arbeitsplätze mit der Folge einer gewissen Abschwächung der hohen Erwerbslosigkeit;
- ➤ die Entwicklung eines (hochwertigen) Dienstleistungssektors in der noch immer überwiegend industriell geprägten „Dienstleistungswüste" Bundesrepublik;
- ➤ die Modernisierung, d.h. „Entpaternalisierung" und Demokratisierung des Verhältnisses zwischen Staat und intermediären „Dritter Sektor"-Organisationen; und - nicht zuletzt -
- ➤ die sozial verantwortliche Erfüllung individueller und kollektiver Bedürfnisse in einer modernen, nicht konfliktlosen Gesellschaft.

Anhang

I   Zur Methodik der schriftlichen Befragung

II   Liste der Veröffentlichungen

III   Ausgewählte Literatur zum Thema

IV   Der Interviewleitfaden

V   Der Fragebogen

Anhang

I Zur Methodik der schriftlichen Befragung

1. Entwicklung des Fragebogens

Der Fragebogen wurde auf der Basis eines Entwurfs der italienischen NETS-Projektkoordinatoren entwickelt. Nach der Durchführung des ersten öffentlichen „NETS-Forums" im April 1998 sowie einer Beratung durch die ZUMA (Zentrum für Umfragen, Methoden und Analysen in Mannheim) wurde das Erhebungsinstrument soweit möglich an deutsche Gegebenheiten angepasst. Abschließend wurde ein Pretest in Nonprofit-Organisationen in Bremen durchgeführt, woraufhin nochmals einige Änderungen des Fragebogens vorgenommen wurden. - Der in diesem Bericht abgedruckte Fragebogen entspricht dem verwendeten Bogen, außer dass bei den verschickten Exemplaren ein Anschreiben, ein Blatt zur Rücklaufkontrolle sowie eine letzte Seite mit Raum für eigene Kommentare angefügt war.

2. Auswahl der angeschriebenen Organisationen

Die Auswahl der angeschriebenen Organisationen des „Dritten Sektors" erfolgte entsprechend einem proportionalen Quotenverfahren nach drei Kriterien: Haupttätigkeitsfeld, Rechtsform, regionale Verteilung. Die Quoten für die *Haupttätigkeitsfelder*[153] wurden zunächst auf der Basis vorhandenen statistischen Materials festgelegt. Die daraufhin geschätzte Verteilung des deutschen „Dritten Sektors" auf die Hauptfelder wurde durch ein Expertenrating[154] von „Dritter Sektor"-ForscherInnen überprüft und nach deren Einschätzung nochmals geringfügig geändert. Da der Begriff des „Dritten Sektors" in der Amtlichen Statistik nicht existiert und sich der Nonprofit-Bereich ferner durch fließende Grenzen zum erwerbswirtschaftlichen und zum öffentlichen Sektor auszeichnet, ist es generell nicht möglich, exakte Daten zur Größe und Struktur dieses Sektors zu erheben. Ein weiteres Problem stellt die unzurei-

---

[153] Bei der Auswahl der Haupttätigkeitsfelder lehnte sich das NETS-Projekt an die internationale ICNPO-Klassifikation des Johns Hopkins Comparative Nonprofit Sector Project an. Die darin enthaltenen 10 Haupttätigkeitsfelder wurden jedoch um einige Felder erweitert, während andere ausgelassen wurden. Vgl. Anheier et al. 1997.

[154] Wir danken für ihre Teilnahme an diesem Rating Helmut K. Anheier (Baltimore), Jürgen Blandow (Bremen), Susanne Elsen (Trier), Eckhard Hansen (Bremen), Eckhard Priller (Berlin), Klaudia Sauer (Münster), Friedrich K. Seibel (Koblenz) and Annette Zimmer (Münster).

chende Datenbasis über vorhandene Nonprofit-Organisationen dar, da es keine bundesweiten, vollständigen Register für diese gibt.

Die Verteilung der ausgewählten Organisationen auf die verschiedenen *Rechtsformen* erfolgte ebenfalls auf der Basis vorliegender empirischer Untersuchungen. Ein Problem hierbei war, dass das Vorkommen der Rechtsform der gemeinnützigen GmbH im Nonprofit-Sektor quantitativ nicht abzuschätzen war. Es wurden daher nur diejenigen Legalformen „quotiert", über deren zahlenmäßige Verbreitung Daten zu finden waren. Dies waren die Vereine, die privaten und öffentlich-rechtlichen Stiftungen sowie Genossenschaften.

Die *regionale Auswahl* der NPOs wurde entsprechend der Einwohnerzahlen in den einzelnen Bundesländern vorgenommen. Um genügend Organisationen aus den neuen Bundesländern zu erreichen, wurden diese leicht überproportional quotiert (siehe unten).

Die *Adressenbasis* für die nach den o.g. Kriterien bestimmten Organisationen beruhte auf zwei Quellen: der Datenbank eines großen, auf Vereine spezialisierten Adressverlages (AZ Direct Marketing) sowie der Telekom-Datenbank. Aus letzterer wurden nach dem Zufallsprinzip Adressen aus je einer Kleinstadt und einer Großstadt der einzelnen Bundesländer ausgewählt.

Durch dieses Verfahren wurde eine Adressenbasis von 622 Organisationen aufgebaut, an die der Fragebogen verschickt wurde. Von diesen NPOs schickten 243 den Fragebogen innerhalb der gesetzten Frist ausgefüllt zurück, was einer Rücklaufquote von rund 39% entspricht.

3. Vergleich von Stichprobe und Rücklauf

Die regionale Verteilung der Stichprobe ausgewählter NPOs und derjenigen, die den Fragebogen zurückschickten, zeigen folgende Tabellen:

Tabelle 1: Ost-West Verteilung von Stichprobe und Rücklauf

	Prozent der Stichprobe (absolute Zahlen)		Prozent des Rücklaufs (absolute Zahlen)	
Ost	32,8	(204)	31,6	(76)
West	67,2	(418)	68,3	(164)
Total	*100,0*	*(622)*	*100,0*	*(240)**

* *drei fehlende Fragebögen wegen fehlender Identifikationsnummer*

Tabelle 2: Verteilung auf die Bundesländer

Westliche Bundesländer	Prozent der Stichprobe im „West-Sample"	Prozent des Rücklaufs aus Dtschl.-West
Baden-Württemberg	16,7	21,3
Bayern	19,4	17,1
Bremen	1,7	1,8
Hamburg	5,3	6,7
Hessen	10,0	9,8
Niedersachsen	10,8	10,4
Nordrhein-Westfalen	25,8	20,7
Rheinland-Pfalz	5,0	4,3
Saarland	1,4	2,4
Schleswig-Holstein	3,8	5,5
Gesamt westliche Länder	*100%*	*100%*
Östliche Bundesländer	Prozent der Stichprobe im „Ost-Sample"	Prozent des Rücklaufs aus Dtschl.-Ost
Berlin	24,0	30,3
Brandenburg	12,7	9,2
Mecklenburg-Vorpommern	9,3	3,9
Sachsen	25,0	27,6
Sachsen-Anhalt	13,7	13,2
Thüringen	15,2	15,8
Gesamt östliche Länder	*100%*	*100%*

Die Verteilung zeigt eine ungefähre Entsprechung des Rücklaufs mit der Stichprobe. Nur vier Bundesländer sind nicht adäquat vertreten (Baden-Württemberg und Berlin sind über-, Nordrhein-Westfalen und Mecklenburg-Vorpommern sind unterrepräsentiert).

Die Verteilung auf die *Rechtsformen* entsprach ebenfalls in etwa der Stichprobe, wie die nächste Tabelle zeigt:

Tabelle 3: Verteilung der Rechtsformen in Stichprobe und Rücklauf

Rechtsform	Stichprobe	Rücklauf
Vereine	80%	74,8%
Stiftungen	16%	13,9%
Genossenschaften	4%	4,2%
GmbHs	0%	3,8%
andere Rechtsformen	0%	3,4%
Gesamt	*100%*	*100%*

Die Verteilung auf die *Haupttätigkeitsfelder* deckte sich in etwa mit der Verteilung der Stichprobe, wobei es Abweichungen gab zwischen der Zuordnung der angeschriebenen Organisationen zu Tätigkeitsfeldern unsererseits und seitens der NPOs selbst.[155]

---

[155] Die Selbstzuordnung der Nonprofit-Organisationen bildete die Basis für die weitere Auswertung; siehe Kapitel I, # 6.

II Liste der Veröffentlichungen aus dem NETS-Projekt

Bauer, Rudolph 2000: Die ganze Arbeit. Drittes System, alternative Ökonomie und ihre arbeitsmarktpolitischen Potenziale. In: Bundesarbeitsgemeinschaft Arbeit e.V. (Hg.), Jahrestagung 1999, Tagungsband. Berlin, S. 42-56
Bauer, Rudolph 2000: „Dritte Sektoren" in Europa. Zur Kritik begrifflicher Nivellierungen und über die Notwendigkeit von Reformen. In: Widersprüche. 20. Jg., H. 75 (März 2000), S. 7-22
Bauer, Rudolph 2000: Hoffen auf das Jobwunder. Welchen Beitrag leisten Einrichtungen und Organisationen des „Dritten Sektors" für die Arbeitsmarkt- und Beschäftigungspolitik? In: neue caritas, 101. Jg., H. 3, 23. Februar 2000, S. 9-14
Bauer, Rudolph 2000: Die ganze Arbeit. Drittes System, alternative Ökonomien und ihre arbeitsmarktpolitischen Potenziale. In: Bundesarbeitsgemeinschaft Arbeit e.V. (Hg.), Jahrestagung 1999, Tagungsband. Berlin, S. 42-56
Bauer, Rudolph 1999: Neue Wege aus der Arbeitslosigkeit. Welchen Beitrag kann der 'Dritte Sektor' für die Arbeitsmarkt- und Beschäftigungspolitik in Europa leisten? In: Studientagung "Perspektiven für den Beitrag der Caritas zu Beschäftigungsförderung und Arbeitsmarktpolitik" vom 16. bis 18. November 1999 in Freiburg, Dokumentation. Freiburg i.B., S. 10-19
Bauer, Rudolph 1999: Neue Wege aus der Arbeitslosigkeit. Welchen Beitrag kann der „Dritte Sektor" für die Arbeitsmarkt- und Beschäftigungspolitik in Europa leisten? In: Deutscher Caritasverband e.V., Referat Berufliche Bildung (Hg.), Perspektiven für den Beitrag der Caritas zu Beschäftigungsförderung und Arbeitsmarktpolitik, Dokumentation der Studientagung vom 16. bis 18. November 1999 in Freiburg. Freiburg, S. 10-19
Bauer, Rudolph 1999: Hilfekulturen und Organisationsansätze in Europa. In: Woge e.V. / Institut für Soziale Arbeit e.V. (Hg.), Handbuch der Sozialen Arbeit im Kinderflüchtlingen. Münster, S. 498-507
Bauer, Rudolph 1999: Sozialarbeit und Migration. Von der Unterschiedlichkeit der Hilfekulturen und des Stellenwerts intermediärer Dienste in Europa. In: Berliner Institut für Vergleichende Sozialforschung e.V. (Hg.), Berliner Gesprächsforum zur Migrationspolitik. Berlin, S. 35-44
Bauer, Rudolph / Betzelt, Sigrid 2000: Final German Country Report of the NETS-Project. Bremen, Rom
Bauer, Rudolph / Betzelt, Sigrid 1999: Erwerbsarbeit im „Dritten Sektor": Wachstum oder Stagnation? Bericht zum Forschungsstand über das Beschäftigungspotential und die Zukunft der Arbeit in gemeinnützigen Organisationen der Bundesrepublik. In: Zeitschrift für Sozialreform, 45. Jg., H. 4, Wiesbaden, S. 303-319
Bauer, Rudolph / Betzelt, Sigrid 1999: Gesellschaftlicher Wandel und ‚Dritter Sektor' in den 90er Jahren - oder: Wie weit tragen die „Beine eines Volkes"? In: Zeitschrift für Gemeinwirtschaft, 37. Jg., H. 4, Wien, S. 45-69
Bauer, Rudolph / Betzelt, Sigrid 1999: Der „Dritte Sektor" in Deutschland: Hebel zur Überwindung der Massenarbeitslosigkeit? In: Impulse aus der Forschung, H. 2, Bremen, S. 6-9

Bauer, Rudolph / Betzelt, Sigrid 1999: Die Zukunft der Arbeit im „3. Sektor". In: Sozial Extra, 23. Jg., H. 5 (Mai 1999), S. 21-22

Betzelt, Sigrid / Bauer, Rudolph 2000: Erwerbsarbeit im „Dritten Sektor". Bestandsaufnahme, Perspektiven und Empfehlungen. Ergebnisse der deutschen Teilstudie des NETS-Projekts „New Employment Opportunities in the Third Sector". In: Institut für Lokale Sozialpolitik und Nonprofit-Organisationen der Universität Bremen (Hg.): Kleine Schriften des i.l.s., H. 8. Bremen

Betzelt, Sigrid / Bauer, Rudolph 2000: The Case of Germany. In: Marcon / Mellano 2000 (i.E.)

Betzelt, Sigrid / Bauer, Rudolph 1999: Die Zukunft der Arbeit im Dritten Sektor. In: Forschungsjournal Neue Soziale Bewegungen, 12. Jg., H. 1, Wiesbaden, S. 89-92

Betzelt, Sigrid 2000a: Notwendige Weichenstellungen für den „Dritten Sektor" in Deutschland. In: Andruschow, Katrin (Hg.): Glücklich leben im 3. Jahrtausend. Feministische Spurensuche nach Modernisierungspotentialen und Zukunftsarbeit in der Non-profit-Ökonomie. (i.E.)

Betzelt, Sigrid 2000b: Der Dritte Sektor „in Fesseln": Rechtliche und ökonomische Rahmenbedingungen. In: Nährlich, Stefan / Zimmer, Annette (Hg.): Management in Nonprofit-Organisationen. Eine praxisorientierte Einführung. Opladen, S. 37-61

Betzelt, Sigrid 2000c: Third Sector Employment and Policies in Germany. Panel Paper presented at the 4th International Conference of ISTR, July 5-8, 2000, Dublin

Betzelt, Sigrid 1999: Teilstudie im Rahmen des NETS-Projekts: Öffentliche Nachfrage nach Kinderbetreuungsplätzen in der Freien Hansestadt Bremen. Bremen (unveröffentlichter Bericht)

Lunaria (Hg.) 1998: New Employment Opportunities in the Third Sector, Working paper 2: Review of Present Policies. Rom

Marcon, Guilio / Mellano, Mauro (Hg.) 2000: The Economics of the Third Sector. Size, Structure and Political Economy. Rom (i.E.)

Sargatzky, Oliver 1999: Teilstudie im Rahmen des NETS-Projekts: Analyse der öffentlichen Förderung des „Dritten Sektors". Berlin (unveröffentlichter Bericht)

Schröder, Paul M. 1999: Teilstudie im Rahmen des NETS-Projekts: Analyse der öffentlich geförderten Beschäftigung in Bremen. Bremen (unveröffentlichter Bericht)

Die englischsprachigen Veröffentlichungen können über die italienische NETS-Projektkoordination bei „Lunaria" bezogen werden.

Kontakt: Lunaria
via Salaria 89
I - 00198 Roma
Tel. 0039-06-88 41 880
Fax 0039-06-853 550 83
e-mail: ts.lunaria@agora.stm.it
http://www.lunaria.org/tertium/ricerca/conclusi/nets/default e.htm

III Ausgewählte Literatur zum Thema

Andruschow, Katrin (Hg.) 2000: Glücklich leben im 3. Jahrtausend. Feministische Spurensuche nach Zukunftsarbeit in der Non-Profit-Ökonomie. Berlin (i.E.)
Anheier, Helmut K. (Hg.) 1998: Stiftungen für eine zukunftsfähige Bürgergesellschaft. Gedanken für eine Generation von Erben. München
Anheier, Helmut K. / Priller, Eckhard / Seibel, Wolfgang / Zimmer, Annette (Hg.) 1997: Der Dritte Sektor in Deutschland. Organisationen zwischen Staat und Markt im gesellschaftlichen Wandel. Berlin
Anheier, Helmut K. 1997: Hoffnungsträger Dritter Sektor? Die wirtschafts- und sozialpolitische Bedeutung des Non-Profit Bereichs. Baltimore
Anheier, Helmut K. / Priller, Eckhard 1995: Der Nonprofit-Sektor in Deutschland: eine Sozial-ökonomische Strukturbeschreibung. Baltimore/Berlin
Arbeitskreis Nonprofit-Organisationen (Hg.) 1998: Nonprofit-Organisationen im Wandel. Ende der Besonderheiten oder Besonderheiten ohne Ende? Stuttgart, Berlin, Köln
Badelt, Christoph (Hg.) 1997: Handbuch der Nonprofit-Organisation. Strukturen und Management. Stuttgart.
Barbetta, Gian Paolo 2000: Italiens Dritter Sektor auf Konsolidierungskurs. In: Priller / Zimmer 2000
Bauer, Rudolph 2000: Dritte Sektoren in Europa. Zur Kritik begrifflicher Nivellierung und über die Notwendigkeit von Reformen. In: Widersprüche, 20. Jg., H. 75, S. 7-21
Bauer, Rudolph 1996: Soziale Dienstleistungen, Qualitätsdiskurse und die Entpolitisierung des Sozialstaats. In: Schweizerische Zeitschrift für Politische Wissenschaft, Volume 2, Issue 4. Zürich
Bauer, Rudolph (Hg.) 1992: Sozialpolitik in deutscher und europäischer Sicht. Rolle und Zukunft der Freien Wohlfahrtspflege zwischen EG-Binnenmarkt und Beitrittsländern. Weinheim
Bauer, Rudolph (Hg.) 1993: Intermediäre Nonprofit-Organisationen in einem neuen Europa. Rheinfelden, Berlin
Baur, Jürgen / Braun, Sebastian 1999: Zweiter Arbeitsmarkt im Sport. Aachen
Beck, Ulrich 1997: Die Seele der Demokratie, In: Die Zeit, 52. Jg., Nr. 49, S. 7-8
Bertelsmann Stiftung / Maecenata Institut für Dritter-Sektor-Forschung (Hg.) 1999: Expertenkommission zur Reform des Stiftungs- und Gemeinnützigkeitsrechts: Materialien. Gütersloh
Best, Heinrich (Hg.) 1993: Vereine in Deutschland. Bonn
Betzelt, Sigrid / Coors, Barbara 1994: Die Finanzierung von Frauenprojekten oder der Versuch, Stroh zu Gold zu spinnen. Brennpunkt-Dokumentation Nr. 22, hrsg. von Stiftung Mitarbeit, Bonn
BMFSJ Bundesministerium für Familie, Senioren und Jugend 1998 (Hg.): 10. Kinder- und Jugendbericht. Bericht zur Lebenssituation und Kinderhilfen. Bonn (BT-Drs. 13/11368)

Bode, Ingo / Graf, Achim 1999: Arbeiten für gute Zwecke. Organisation und Beschäftigung im Dritten Sektor. Duisburger Beiträge zur Soziologischen Forschung, No. 4. Duisburg

Boeßenecker, Karl-Heinz 1998: Spitzenverbände der Freien Wohlfahrtsverbände in der BRD. Münster

Deutsches Jugendinstitut 1998: Tageseinrichtungen für Kinder. Pluralisierung von Angeboten, Zahlenspiegel. München

Düchting, Frank 2000: Vom deutschen Verein zum „Dritten Sektor". In: Widersprüche, 20. Jg., H. 75, S. 39-55

Elsen, Susanne 1998: Gemeinwesenökonomie – eine Antwort auf Arbeitslosigkeit, Armut und soziale Ausgrenzung? Neuwied

Flieger, Burghard 1998: Sozialgenossenschaften: Neue Kooperativen zur Lösung gemeindenaher Aufgaben. In: Klöck, Tilo (Hg.) 1998, Neu-Ulm. S. 137-160

Gaskin, Katharine / Smith, Justin Davis / Paulwitz, Irmtraut 1996: Ein neues bürgerschaftliches Europa - Eine Untersuchung zur Verbreitung und Rolle von Voluntering in zehn Ländern (Eurovol-Studie). Freiburg i.Br.

Hansen, Eckhard 1998: Nationale Qualitätskulturen. In: Sozial Extra, 22. Jg., H. 3 (März 1998), S. 6-9

Heinze, Rolf G. 1998: Die blockierte Gesellschaft. Sozioökonomischer Wandel und die Krise des „Modell Deutschland". Opladen

Horch, Heinz-Dieter 1992: Geld, Macht und Engagement in freiwilligen Vereinigungen. Grundlagen einer Wirtschaftssoziologie von Non-Profit-Organisationen. Berlin

IAB Institut für Arbeitsmarkt- und Berufsforschung der Bundesanstalt für Arbeit 1998: Was kostet die Arbeitslosigkeit wirklich? IAB Kurzbericht Nr. 17 / 27.10.98. Nürnberg

Institut für Lokale Sozialpolitik und Nonprofit-Organisationen (Hg.) 1998: Bremer Altenheimstudie: 90 Ansichten. Ein Werkstattbericht. In: Kleine Schriften des i.l.s., H. 6. Bremen

Klammer, Ute / Klenner, Christina 1999: Hoffnungsträger „Dritten Sektor" – neue Arbeit für Frauen? In: Stolz-Willig, Brigitte / Veil, Mechthild (Hg.) 1999: Es rettet uns kein höh'res Wesen. Hamburg. S. 59-93

Klöck, Tilo (Hg.) 1998: Solidarische Ökonomie und Empowerment. Jahrbuch Gemeinwesenarbeit 6. Neu-Ulm

Kramer, David et al. 1998: Soziale Bürgerinitiativen in den neuen Bundesländern. Materialien und Berichte 49, hrsg. von der Robert-Bosch-Stiftung GmbH, Stuttgart

Ministerium für Arbeit und Bau Mecklenburg-Vorpommern (Hg.) 1998: Machbarkeitsstudie zu einem Öffentlichen Beschäftigungssektor in der Region Rostock. Schwerin.

Münkner, Hans-H. 2000: Reformbedarf in bezug auf rechtliche Rahmenbedingungen für Unternehmen mit sozialer Zielsetzung in Deutschland. Zusammenfassung. In: Netz e.V. 2000: Unternehmen mit sozialer Zielsetzung. Rechtliche Rahmenbedingungen in europäischen Ländern. Neu-Ulm (i.E.)

Münkner, Hans-H. 1995: Economie Sociale aus deutscher Sicht. Marburger Beiträge zum Genossenschaftswesen, 30. Marburg.

Nährlich, Stefan / Zimmer, Annette (Hg.) 2000: Management in Nonprofit-Organisationen. Eine praxisorientierte Einführung. Opladen.

Notz, Gisela 2000: Der Dritte Sektor und die geschlechtshierarchische Arbeitsteilung. In: Widersprüche, 20. Jg., H. 75, S. 57-70

Ottnad, Adrian / Wahl, Stefanie / Miegel, Meinhard 2000: Zwischen Markt und Mildtätigkeit. Die Bedeutung der Freien Wohlfahrtspflege für Gesellschaft, Wirtschaft und Beschäftigung. München

Priller, Eckhard / Zimmer, Annette (Hg.) 2000: Der Dritte Sektor im gesellschaftlichen Wandel. Ergebnisse, Probleme und Perspektiven aus nationaler und internationaler Sicht. Berlin (i.E.)

Priller, Eckhard / Zimmer, Annette / Anheier, Hemut K. 1999: Der Dritte Sektor in Deutschland. Entwicklungen, Potentiale, Erwartungen. In: Aus Politik und Zeitgeschichte, B 9/99, 26.2.1999, S. 12-21

Rauschenbach, Thomas / Sachße, Christoph / Olk, Thomas (Hg.) 1995: Von der Wertgemeinschaft zum Dienstleistungsunternehmen. Jugend- und Wohlfahrtsverbände im Umbruch. Frankfurt/M.

Rifkin, Jeremy 1996: Das Ende der Arbeit und ihre Zukunft. Frankfurt/M.

Salamon, Lester M. / Anheier, Helmut K. und Mitarbeiter 1999: Der Dritte Sektor: aktuelle internationale Trends. Gütersloh

Sauter, Eugen / Schweyer, Gerhard 1990: Der eingetragene Verein. München

Schauer, Reinbert / Anheier, Helmut K. / Blümle, Ernst-B. (Hg.) 1997: Der Nonprofit-Sektor im Aufwind. Zur wachsenden Bedeutung von Nonprofit-Organisationen auf nationaler und internationaler Ebene. Linz

Schauer, Reinbert / Anheier, Helmut K. / Blümle, Ernst-B. (Hg.) 1995: Nonprofit-Organisationen – dritte Kraft zwischen Markt und Staat. Linz

Seibel, Wolfgang 1992: Funktionaler Dilettantismus. Baden-Baden

Strachwitz, Rupert Graf 1999: Die Rahmenbedingungen des Dritten Sektors und ihre Reform. In: Aus Politik und Zeitgeschichte, Beilage zur Wochenzeitung Das Parlament, Nr. 9/99 vom 26. Feb. 1999, S. 22-30

Strachwitz, Rupert Graf (Hg.) 1998: Dritter Sektor - Dritte Kraft, Versuch einer Standortbestimmung. Düsseldorf

Van Til, Jon 1997: Beyond the End of Work: The role of the third sector in the expansion of employment, In: Festschrift zum 60.Geburtstag von Antonin Wagner. Zürich. S. 117-123

Zimmer, Annette / Priller, Eckhard 1999: Gemeinnützige Organisationen im gesellschaftlichen Wandel. Abschlußbericht des Projektes Arbeitsplatzressourcen im Nonprofit-Sektor. Beschäftigungspotentiale, -strukturen, -risiken. Münster, Berlin

Zimmer, Annette 1996: Vereine – Basiselemente der Demokratie. Opladen

Zimmer, Annette (Hg.) 1992: Vereine heute – zwischen Tradition und Innovation. Ein Beitrag zur Dritten-Sektor-Forschung. Basel, Boston, Berlin

IV Leitfaden für ExpertInnen-Interviews

A) Ziele und Inhalte des NETS-Projekts, Definition des „Dritten Sektors"

B) Fragen:

I. Einschätzung der künftigen Beschäftigungsentwicklung im Dritten Sektor

In der Vergangenheit ist die Anzahl der Beschäftigten im Dritten Sektor stetig gewachsen. Nun scheint zumindest in manchen Bereichen eine gewisse Stagnation einzutreten.

1. Wir würden gerne von Ihnen erfahren, ob Sie die zukünftige Entwicklung der Beschäftigung im Dritter Sektor eher positiv oder eher negativ sehen.

Wenn positiv:

2. Gibt es bestimmte Bereiche, in denen Sie besonders gute Chancen auf zusätzliche Arbeitsplätze im Dritten Sektor sehen? Und warum?

Wenn negativ:

Woran liegt es Ihrer Ansicht nach, dass in Zukunft kaum neue Arbeitsplätze im Dritten Sektor entstehen werden?

II. Rechtliche Rahmenbedingungen des Dritten Sektors

Aus dem Vergleich mit anderen europäischen Ländern haben wir den Eindruck gewonnen, dass die rechtlichen Rahmenbedingungen des deutschen Dritten Sektors (besonders hinsichtlich der Schaffung neuer Arbeitsplätze) eher komplex und teilweise schwer durchschaubar sind (z.B. Gemeinnützigkeits-, Zuwendungsrecht).

3. Uns würde interessieren, ob Sie das auch so sehen oder ob Sie hier anderer Meinung sind.

Wenn ja:

4. Wo müsste Ihrer Meinung nach dringend etwas geändert werden?

Wenn nein:

> Haben Sie eher den Eindruck, dass andere Faktoren wichtiger sind für die Schaffung von Arbeitsplätzen im Dritten Sektor ? Welche ?

III. Wirtschaftliche und finanzielle Rahmenbedingungen des Dritten Sektors

a) Viele Organisationen des Dritten Sektors stehen vor dem Dilemma, dass sie einerseits aufgefordert werden, sich unabhängiger von öffentlichen Mitteln zu machen, sie andererseits aber bei diesem Versuch oft an äußere Hindernisse und Grenzen stoßen (zum Beispiel Konkurrenzverbot, Abzug zusätzlicher Einnahmen von der Fördersumme).

> 5. Was könnte Ihrer Meinung nach zu größerer Autonomie des Dritten Sektors von öffentlichen Mitteln beitragen ?

b) Für Personen, die sich im privatwirtschaftlichen Sektor selbständig machen, gibt es mittlerweile eine Vielzahl staatlicher Förderungen zur Existenzgründung. Für Personen, die neue Ideen im Dritten Sektor umsetzen wollen, ist es oft sehr viel schwerer, Unterstützung zu bekommen.

> 6. Was würden Sie davon halten, wenn Initiativen und Organisationen im Dritten Sektor eine ähnliche staatliche Unterstützung wie Existenzgründer-Innen erhalten würden, z.B. Bürgschaften und günstige Darlehen ?

c) Häufig mangelt es im Dritten Sektor schlicht am Geld, um gute Ideen umzusetzen und damit auch neue Arbeitsplätze zu schaffen. Es ist im allgemeinen nicht leicht, privates Kapital in größerem Umfang zu akquirieren.

> 7. Müssten sich Ihrer Meinung nach z.B. Banken und Stiftungen mehr engagieren, um Organisationen des Dritten Sektors Kapital bereitzustellen ?

Wenn ja:

> 8. Auf welche Art und Weise, denken Sie, könnte das geschehen ?

IV. Interne Organisation des Dritten Sektors

a) Organisationen des Dritten Sektors bewegen sich in einem Spannungsfeld: Auf der einen Seite wollen und müssen sie ihre Aufgaben mit den zur Verfügung stehenden Mitteln erfüllen. Auf der anderen Seite müssen sie gleichzeitig ihrer internen Rolle als Arbeitgeber gerecht werden. Aus diesem Dilemma erwachsen häufig ungünstigere Arbeitsbedingungen und eine schlechtere sozialrechtliche Absicherung der Beschäftigten im Dritten Sektor als in anderen Bereichen.

> 9. Sind Sie der Meinung, dass die Organisationen des Dritten Sektors der Verbesserung ihrer Arbeitsbedingungen einen größeren Stellenwert geben sollten ?

Wenn ja:

> 10. Auf welche Weise könnten Organisationen Ihrer Ansicht nach bessere Arbeitsbedingungen für ihre MitarbeiterInnen erreichen ?

Wenn nein:

> Sehen Sie vielleicht andere Prioritäten für Veränderungen innerhalb der Organisationen des Dritten Sektors ?

b) Die Qualifikation von MitarbeiterInnen und ihre Fort- und Weiterbildung haben heute in allen Wirtschaftssektoren einen hohen Stellenwert. Nach unseren Ergebnissen bietet jedoch nur eine Minderheit von Organisationen des Dritten Sektors ihren MitarbeiterInnen eigene Fortbildungsangebote an.

> *11.* Könnten Sie aus Ihrer Kenntnis sagen, welche Qualifikationen im Dritten Sektor besonders weiterentwickelt werden müssten, also wo ein besonderer Bedarf an Fort- und Weiterbildung besteht ?

c) In vielen Organisationen und Einrichtungen des Dritten Sektors, besonders innerhalb großer Verbände, gibt es nur begrenzte Möglichkeiten der Mitbestimmung und Beteiligung von MitarbeiterInnen und von NutzerInnen der Angebote.

> 12. Können Sie sich vorstellen, dass erweiterte Mitbestimmungsmöglichkeiten für MitarbeiterInnen und Nutzergruppen zur Verbesserung der Angebote und zur Innovation im Dritten Sektor beitragen ?

V. Rolle der europäischen Einigung für den Dritten Sektor

Als letztes Thema möchten wir noch auf die europäische Ebene eingehen. Durch den europäischen Binnenmarkt und die damit verbundene Freizügigkeit von Menschen, Kapital und Dienstleistungen sowie durch vereinheitlichte Rechtsnormen könnten sich Veränderungen der spezifischen subsidiären Struktur des deutschen Dritten Sektors ergeben.

13. Auch wenn diese Entwicklung noch nicht abgeschlossen ist, haben Sie eine Vorstellung davon, ob dies zu Veränderungen für den deutschen Dritten Sektor führt, die speziell auch die Arbeitsplätze betreffen?

VI. Wünsche an die Politik

Zum Abschluss möchten wir gern Ihre Phantasie anregen:
Sie haben drei Wünsche frei, die Sie an die deutsche Politik in Bezug auf den Dritten Sektor richten können.

14. Wo besteht Ihrer Meinung nach der meiste Reformbedarf?

Ich danke Ihnen für dieses Gespräch.

Europäische Organisationsbefragung zum Thema:
NEUE ARBEITSPLÄTZE IM „DRITTEN SEKTOR"

1. Rechts- und Organisationsform

❗ *Hier und im weiteren Fragebogen ist ausdrücklich Ihre Organisation gemeint. Nicht gemeint sind Ihre Dachorganisation und auch nicht die Untergliederungen Ihrer Organisation.*

1.1. Wann wurde Ihre Organisation gegründet ?

Gründungsdatum:_____

1.2. Wieviele Mitglieder hat Ihre Organisation ?
Bitte tragen Sie die Anzahl ein.

_____ natürliche Personen / Mitglieder, davon _____ Frauen,

_____ juristische Personen (d.h. andere Organisationen)

1.3. Welche Rechtsform hat Ihre Organisation ?
Bitte nur eine Antwort ankreuzen.

Eingetragener Verein (e.V.)			
Nicht eingetragener Verein			
Eingetragene Genossenschaft (e.G.)			
Gesellschaft mit beschränkter Haftung (GmbH)			
Aktiengesellschaft (AG)		Stiftung vergibt Zuschüsse/Stipendien	Stiftung ist selbst Träger von Einrichtungen
Stiftung des privaten Rechts			
Stiftung des öffentlichen Rechts			
Sonstige *(bitte nennen)*			

1.4. Ist Ihre Organisation als gemeinnützig anerkannt ?

Ja ☐   Nein ☐   Gemeinnützigkeit beantragt ☐   Nicht bekannt ☐

1.5. Ist Ihre Organisation Mitglied eines Verbandes oder Netzwerks ?
Wenn ja, bitte Zutreffendes ankreuzen. Mehrfache Antworten möglich.
Wenn nein, bitte weiter mit Frage 1.6.

Dach- oder Spitzenverband / Genossenschaftsverband	
Fachverband	
Konsortium auf europäischer / internationaler Ebene	
Netzwerk	

1.6. Ist Ihre Organisation selbst ein Dach- oder Spitzenverband ? *Bitte Zutreffendes ankreuzen.*

Nein   ☐
Ja, auf Landesebene   ☐
Ja, auf Bundesebene   ☐

2. Aufgaben- und Tätigkeitsbereiche

2.1. In welchen Aufgabenbereichen ist Ihre Organisation tätig?
Bitte kreuzen Sie nur eine Antwort für den hauptsächlichen (primären) Tätigkeitskeitsbereich an. Für die sekundären Bereiche können Sie mehrere Antworten ankreuzen.

Aufgaben- und Tätigkeitsbereich	primär	sekundär
Kultur, künstlerisch-kreative Angebote, Unterhaltung		
Erziehung, allgemeines Bildungswesen, Forschung		
berufliche Bildung, Beschäftigungsinitiativen, Wiedereingliederung		
Denkmalpflege und kulturelles Erbe		
Soziale Dienstleistungen (personenbezogen und gemeinwesenbezogen)		
Gesundheit und medizinische Rehabilitation		
Umwelt-, Tier- und Naturschutz		
Medien und Kommunikation, Neue Informationstechnologien		
Bürger/innen-Rechte und -Beteiligung, Verbraucher/innenschutz		
Sport		
Freizeit und Erholung		
Internationales, Friedens- und Entwicklungsarbeit		
Bauen und Wohnen		
Unterstützung, Vermittlung und Beratung für Gruppen / Organisationen		
Anderes *(bitte nennen)*		

2.2. Auf welcher Ebene ist Ihre Organisation hauptsächlich tätig?
Mehrfache Antworten möglich.

Internationale / EU-Ebene	
Bundesebene	
Länderebene	
Regionale Ebene (Kreis, Bezirk)	
Kommunale Ebene	

3. Personal

3.1. Sind in Ihrer Organisation bezahlte Mitarbeiter/innen beschäftigt (inkl. ABM, geringfügig Beschäftigte etc.)?
☐ Ja ☐ Nein *(weiter mit Frage 4.1.)*

3.2. Wieviele der bezahlten Mitarbeiter/innen verteilten sich im Jahr 1995 auf folgende Kategorien, wieviele im Jahr 1997?

	1995		1997	
	Anzahl	davon Frauen	Anzahl	davon Frauen
Vollzeit-Mitarbeiter/innen (hauptamtliche)				
Teilzeit-Mitarbeiter/innen (hauptamtliche)				
Vorübergehend Beschäftigte *				

* d.h. geringfügig Beschäftigte auf 620/580 DM-Basis, Honorarkräfte, Praktikant/innen, Teilnehmer/innen des Freiwilligen Sozialen / Ökologischen Jahres u.ä.

3.3. Wurden Mitarbeiter/innen Ihrer Organisation 1995 und 1997 durch öffentliche Institutionen des Bundes, des Landes, der Kommune oder der Europäischen Union im Rahmen der Förderung von Beschäftigung und Qualifizierung (ABM, Lohnkostenzuschüsse, „Hilfe zur Arbeit" u.ä.) finanziert?

Ja ☐   Nein ☐   *(weiter mit Frage 3.4.)*

Wenn ja, wieviele Mitarbeiter/innen?

    1995   davon Frauen   1997   davon Frauen

3.4. Welchen Altersgruppen gehören alle bezahlten Mitarbeiter/innen Ihrer Organisation zur Zeit an?
Bitte geben Sie die ungefähren Prozentanteile an.

	Prozent
unter 20 J.	_____
21 - 30 J.	_____
31 - 40 J.	_____
41 - 50 J.	_____
51 - 65 J.	_____
über 65 J.	_____
	100 %

3.5. Welche Formen nutzte Ihre Organisation bisher am <u>häufigsten</u>, um neue bezahlte Mitarbeiter/innen zu gewinnen?
Bitte maximal <u>zwei</u> Antworten ankreuzen.

- Suche durch öffentliche Stellenanzeigen ☐
- Berücksichtigung bereits in der Organisation aktiver Personen ☐
- Persönliche Referenzen / Kontakte ☐
- Unaufgeforderte externe Bewerbungen ☐
- Arbeitsamt / Arbeitsvermittlung ☐
- Andere *(bitte angeben)* ☐

....

3.6. Bietet Ihre Organisation eigene interne berufliche Fort- und Weiterbildungsmöglichkeiten an?

Ja ☐   Nein ☐

Wenn ja, für wen?
Mehrfache Antworten möglich.

- reguläre, bezahlte Mitarbeiter/innen ☐
- vorübergehend Beschäftigte ☐
- unbezahlte Mitarbeiter/innen / Freiwillige ☐

3.7. Werden bestimmte Aufgaben Ihrer Organisation durch externe Dienstleister erledigt? (z.B. Wäscherei, Gebäudereinigung, Fundraising)

Ja ☐   Nein ☐   Nicht bekannt ☐

4. Finanzierung

4.1. Wie hoch war im Jahr 1997 das gesamte Budget Ihrer Organisation ?
Bitte kreuzen Sie die zutreffende Klasse an. Mit Budget meinen wir alle Mittel, die von der öffentlichen Hand, privaten Geldgebern, Mitgliedern etc. in Ihre Organisation eingehen.

unter 12 500 DM	☐
12 501 – 25 000 DM	☐
25 001 – 62 500 DM	☐
62 501 – 125 000 DM	☐
125 001 – 250 000 DM	☐
250 001 – 500 000 DM	☐
500 001 – 1 Mio. DM	☐
1 Mio. – 3 Mio. DM	☐
3 Mio. – 10 Mio DM	☐
über 10 Mio.DM	☐

Nicht bekannt ☐

4.2. Bitte geben Sie die Zusammensetzung des Budgets Ihrer Organisation von 1997 in ungefähren Prozentangaben an.

Prozent

Öffentliche Zuwendungen
(von Bundes-, Landes-, kommunalen und EU-Behörden
sowie der Bundesanstalt für Arbeit; <u>nicht</u> gemeint sind
Leistungsentgelte z.B. der Krankenkassen)   _____

Leistungsentgelte
(z.B. der Krankenkassen o.a. Kostenträger
im Rahmen von Verträgen/Vereinbarungen)   _____

Private, nichtöffentliche Zuwendungen   _____ (gesamt)
Falls bekannt, differenzieren Sie diese bitte:

davon:	Prozent
Mitgliedsbeiträge	
Spenden von Einzelpersonen, Fördermitgliedschaften	
Zuschüsse von Trägerorganisation / Verband	
Firmenspenden, Sponsoring	
Stiftungsmittel	
Zuweisungen (z.B. Bußgelder)	
	100 %

Eigenerwirtschaftete Mittel
(z.B. aus Verkäufen von Produkten und
Dienstleistungen)   _____

Kapitalerträge, Einnahmen aus Immobilien u.ä.   _____

Sonstige Einnahmen
bitte nennen: _____

....   100 %

4.3. Bitte geben Sie die Zusammensetzung der Ausgaben Ihrer Organisation in ungefähren Prozentangaben für 1995 und 1997 an.

	Prozent 1995	Prozent 1997
Personalkosten	_____	_____
Sach- und Investitionskosten	_____	_____
Finanzierungskosten (z.B. Kreditzinsen)	_____	_____
	100 %	100 %

4.4. In welcher Form werden die Güter und Dienstleistungen Ihrer Organisation hauptsächlich abgegeben ? *Mehrfache Antworten möglich.*

- Gegen Bezahlung durch Kostenträger ☐
- Gegen Bezahlung durch die Nutzer/innen ☐
- Gratis:
  - für einkommensschwache Nutzer/innen ☐
  - für die Mitglieder ☐
  - für alle Nutzer/innen ☐
- Ermäßigt:
  - für einkommensschwache Nutzer/innen ☐
  - für die Mitglieder ☐
- Sonstiges *(bitte angeben)* ☐

....

4.5. Falls Ihre Organisation am Jahresende Überschüsse erwirtschaftet, wie werden diese verwendet bzw. welcher der folgenden Verwendungsarten würden Sie den Vorzug geben ?
Bitte maximal drei Antworten ankreuzen.

	tatsächliche Verwendung	gewünschte Verwendung
Verbesserung der Qualität von Produkten und Dienstleistungen		
Steigerung der Angebotsmenge von Produkten und Dienstleistungen		
Personaleinstellungen		
Unterstützung anderer gemeinnütziger Organisationen		
Reduzierung der Preise für Güter und Dienstleistungen		
Fort- und Weiterbildung der Mitarbeiter/innen		
Rücklagenbildung		
Andere Verwendungsarten *(bitte angeben)*		

....

4.6. Wie entwickelte sich die Anzahl bezahlter Mitarbeiter/innen in den letzten drei Jahren in Ihrer Organisation ?
Bitte Zutreffendes ankreuzen.

- abnehmend ☐
- gleichbleibend ☐
- zunehmend ☐
- schwankend ☐

5. Interne Organisation

5.1. Welche Formen von Partizipation und Mitbestimmung von Mitgliedern, Mitarbeiter/inne/n und Nutzer/inne/n Ihrer Organisation gibt es bereits ? Welche Formen sind geplant ?
Bitte Zutreffendes ankreuzen.

	vorhanden	geplant
Mitglieder- bzw. Gesellschafterversammlung	☐	☐
Betriebsversammlung, Mitarbeiter/innenvertretung o.ä.	☐	☐
Teambesprechungen	☐	☐
Rückmeldungen der Nutzer/innen (formalisierte Verfahren)	☐	☐
Mitbestimmungsmöglichkeiten für Freiwillige	☐	☐
Mitsprachemöglichkeiten für Förderer / Spender/innen	☐	☐
Andere *(bitte nennen)*	☐	☐

....

5.2. Sind in Ihrer Organisation Fachkenntnisse in folgenden Gebieten bereits vorhanden bzw. wo sehen Sie einen zusätzlichen Bedarf ?
Bitte Zutreffendes ankreuzen.

	vorhanden		zusätzlicher Bedarf	
	Ja	Nein	Ja	Nein
Geschäftsführung / Management				
Verwaltung / Buchhaltung				
Personalmanagement				
Öffentlichkeitsarbeit				
Computertechnologie / Neue Medien				
Mitteleinwerbung (u.a. „Fundraising")				
Fachliche Qualifikationen im Tätigkeitsbereich				
Mitgliederbetreuung				
Werbung und Betreuung freiwilliger Mitarbeiter/innen				
Interessenvertretung / Lobbyarbeit				
Sonstiges *(bitte angeben)*				

6. Politische Einschätzungen im Hinblick auf den "Dritten Sektor"

Bei den folgenden drei Fragen kommen politische Ansätze und Instrumente zur Sprache, die sowohl für die Entwicklung gemeinnütziger Organisationen bedeutsam sind, die aber auch bei der Finanzierung neuer bezahlter Arbeitsplätze eine wichtige Rolle spielen können.

6.1. **Bezogen auf die Entwicklung Ihrer Organisation, welche der folgenden Maßnahmen und Instrumente halten Sie bereits jetzt für sehr wichtig und welche sollten künftig weiter ausgebaut werden?**
Bitte in jeder Spalte maximal drei Antworten ankreuzen.

	vorhanden	zu entwickeln
Förderung als gemeinnützige Organisation, hinsichtlich: Personalkosten..........................		
Steuererleichterungen..............		
Spenden..........................		
Zusätzliche steuerliche Vergünstigungen *(bitte genauer angeben)*		
Verbesserung beruflicher / fachlicher Aus- und Weiterbildung		
Spezielle Arbeitsverträge für Beschäftigte im gemeinnützigen Sektor		
Anreize zur Neueinstellung von Mitarbeiter/innen		
Freistellungsregelungen (in Wirtschaft u. Öffentl. Dienst) für Tätigkeiten im gemeinnützigen Sektor		
Steuerliche Begünstigungen für Nutzer/innen beim Kauf von Gütern oder Dienstleistungen von gemeinnützigen Organisationen		
Ausweitung der öffentlichen Nachfrage nach Dienstleistungen Ihrer Organisation		
Begünstigungen bei der Kreditvergabe		
Kostengünstiger Zugang zu Kommunikationsmitteln (Telefon, E-mail, etc.), technischer und räumlicher Infrastruktur (Büro, Treffpunkt etc.) u.ä.m.		
Sonstige *(bitte angeben)*		

6.2. **Wir bitten Sie, im folgenden zu beurteilen, wie wichtig die genannten Maßnahmen und Instrumente heute bereits sind, um in Ihrer Organisation einen oder mehrere neue bezahlte Arbeitsplätze schaffen zu können.**
Bitte vergeben Sie Schulnoten von 1 bis 6 entsprechend der Wichtigkeit.
(1 = sehr wichtig, 6 = unwichtig).

	Noten von 1 - 6
Förderung als gemeinnützige Organisation, hinsichtlich: Personalkosten..........................	
Steuererleichterungen..............	
Spenden..........................	
Zusätzliche steuerliche Vergünstigungen *(bitte genauer angeben)*	
Verbesserung beruflicher / fachlicher Aus- und Weiterbildung	
Spezielle Arbeitsverträge für Beschäftigte im gemeinnützigen Sektor	
Anreize zur Neueinstellung von Mitarbeiter/innen	
Freistellungsregelungen (in Wirtschaft u. Öffentl. Dienst) für Tätigkeiten im gemeinnützigen Sektor	
Steuerliche Begünstigungen für Nutzer/innen beim Kauf von Gütern oder Dienstleistungen von gemeinnützigen Organisationen	
Ausweitung der öffentlichen Nachfrage nach Dienstleistungen Ihrer Organisation	
Begünstigungen bei der Kreditvergabe	
Kostengünstiger Zugang zu Kommunikationsmitteln (Telefon, E-mail, etc.), technischer und räumlicher Infrastruktur (Büro, Treffpunkt etc.) u.ä.m.	
Sonstige	

6.3. Wir bitten Sie, im folgenden einzuschätzen, wie wichtig Verbesserungen in Bezug auf die genannten Maßnahmen wären, um in Ihrer Organisation künftig einen oder mehrere neue bezahlte Arbeitsplätze schaffen zu können.
Bitte vergeben Sie Schulnoten von 1 bis 6 entsprechend der Wichtigkeit.
(1 = sehr wichtig, 6 = unwichtig).

	Noten von 1 - 6
Förderung als gemeinnützige Organisation, hinsichtlich: Personalkosten... Steuererleichterungen... Spenden...	
Zusätzliche steuerliche Vergünstigungen *(bitte genauer angeben)*	
Verbesserung beruflicher / fachlicher Aus- und Weiterbildung	
Spezielle Arbeitsverträge für Beschäftigte im gemeinnützigen Sektor	
Anreize zur Neueinstellung von Mitarbeiter/innen	
Freistellungsregelungen (in Wirtschaft u. Öffentl. Dienst) für Tätigkeiten im gemeinnützigen Sektor	
Steuerliche Begünstigungen für Nutzer/innen beim Kauf von Gütern oder Dienstleistungen von gemeinnützigen Organisationen	
Ausweitung der öffentlichen Nachfrage nach Dienstleistungen Ihrer Organisation	
Begünstigungen bei der Kreditvergabe	
Kostengünstiger Zugang zu Kommunikationsmitteln (Telefon, E-mail, etc.), zu technischer und räumlicher Infrastruktur (Büro, Treffpunkt etc.)	
Sonstige *(bitte angeben)*	

6.4. Eine abschließende Frage allgemeiner Art:
Welche sozial- und wirtschaftspolitischen Entscheidungen und Veränderungen würden Ihrer Ansicht nach den „Dritten Sektor" (gemeinnützige Organisationen) stärken ?
Bitte maximal drei Antworten ankreuzen.

Bedarfsorientierte Grundsicherung / garantiertes Existenzminimum für jede/n Bürger/in	
Reduzierung und Reorganisation der Arbeitszeit	
Stärkeres wirtschaftliches Gewicht der kommunalen Behörden	
Ausbau öffentlich geförderter Beschäftigung	
Privatisierung staatlicher Dienstleistungen	
Steigerung öffentlicher Ausgaben	
Steigerung von Löhnen und privater Nachfrage	
Stärkeres Engagement von Politik und Wirtschaft für den gemeinnützigen Sektor	
Stärkeres politisches Engagement von Organisationen des gemeinnützigen Sektors	
Andere *(bitte nennen)*	

If you have any concerns about our products,
you can contact us on
ProductSafety@springernature.com

In case Publisher is established outside the EU,
the EU authorized representative is:
**Springer Nature Customer Service Center GmbH
Europaplatz 3, 69115 Heidelberg, Germany**

Printed by Libri Plureos GmbH
in Hamburg, Germany